SOMMAIRE

LE THÉÂTRE POUR ENFANTS 5

PIÈCES POLICIÈRES

L'AFFAIRE BARBE-BLEUE (du CE1 au CM2) *par Yak Rivais* 13
LE CAMBRIOLEUR (CE2, CM1, CM2) *par Christian Lamblin* 25
UN BANDIT QUI RETOURNE SA VESTE (CM1, CM2)
par Yak Rivais 39

PIÈCES COMIQUES

LES GRAZAOUIPOUNIAK (CE2, CM1, CM2) *par Christian Lamblin* 45
LE PROBLÈME (CE2, CM1, CM2) *par Christian Lamblin* 55

PIÈCES FANTASTIQUES

PAS DE SALADE POUR VERTUCHOU (CM1, CM2)
par Benoît Fourchard 63
LE TAMBOUR (CE1, CE2) *par Denise Chauvel* 77
LE TAPIS MAGIQUE (CM1, CM2) *par Jean-Paul Rousseau* 85

PIÈCES POÉTIQUES

LE VILAIN PETIT CANARD (CP, CE1) *par Denise Chauvel* 105
LES CAVALIERS DE GOBELUNE (CE2, CM1, CM2)
par Georges Jean 113

PIÈCE HISTORIQUE

RENARD (CE2, CM1, CM2) *par Jean-Marie Baldner* 125

LE THÉÂTRE POUR ENFANTS

Les techniques théâtrales visent à rendre l'individu non seulement plus à l'aise dans son corps mais également dans le maniement de sa langue, deux facteurs essentiels à sa réussite globale.
L'activité théâtrale ouvre chez l'enfant — comme chez l'adulte — des horizons multiples:
— possibilité de s'exprimer par le geste et la parole,
— découverte de situations nouvelles,
— expression de sentiments imprévus,
— victoire sur la timidité,
— meilleure connaissance des autres.
Cette activité, intégrée à la pédagogie, apporte une aide importante au niveau de l'expression orale, du développement des facultés artistiques, de l'organisation spatiale, du contact avec l'écrit, de la découverte de son corps et des autres par de nouveaux moyens d'expression.
Dans cet ouvrage, nous proposons une analyse à caractère pédagogique de l'activité théâtrale à l'école et des pièces et saynètes réalisables à différents niveaux, du CP au CM2. Elles se présentent sous des formes variées: poétique, historique, comique ou inspirée de contes traditionnels.
Avec le texte de chaque pièce, vous trouverez des propositions de mise en scène, de décor, mais aussi de musique, de chant et de figuration, qui non seulement donnent du rythme à la pièce mais permettent également à un plus grand nombre d'enfants de participer. Car théâtre induit spectacle. Il est impossible d'envisager un travail théâtral qui ne débouche sur une représentation finale dans laquelle tous les enfants participent, à des degrés divers.
Les spectateurs peuvent être variés: une classe voisine, les correspondants, une école, les parents des enfants de la classe, ceux de toute l'école, les habitants de la commune. Ou, tout modestement, un groupe d'enfants de la classe prépare une saynète pour les autres élèves — à charge de revanche!

L'EXPRESSION ORALE

La simple lecture orale d'une pièce de théâtre, réduite à son seul contenu sémantique, est bien pauvre quand on la compare à la diction et au jeu de l'acteur: langage complet avec ses expressions, ses gestes, ses mimiques et surtout le timbre de la voix, les intonations, les accents, les silences. C'est la voix de l'acteur qui tend à rendre aux mots tout leur sens, toute leur puissance évocatrice, si celle-ci est aisée, sans ambiguïté, si elle colore le mot.

L'enfant se sert de sa voix sans en bien connaître toutes les possibilités. Un enfant timide perd souvent ses moyens quand il doit s'exprimer devant une classe. C'est en lui proposant des jeux de voix que l'adulte l'aide à acquérir une aisance verbale qui favorisera ses relations avec le groupe, le préparera à l'activité théâtrale et, à plus long terme, l'installera plus confortablement dans la vie.

Voici quelques propositions de jeux.

Jeu de mot
C'est le premier exercice à faire avec les enfants car le plus facile à réussir.

Objectif:
— «débloquer» un enfant timide;
— faire prendre conscience des possibilités de la voix;
— obtenir une bonne prononciation.

Déroulement: se fait en grands groupes, petits groupes, à deux. Les enfants sont assis en demi-cercle.
L'adulte demande à un enfant de prononcer un mot, par exemple *maison*, énoncé doucement à condition que ses camarades le comprennent.
Puis l'enfant se déplace au milieu de la classe. Il dit le même mot plus fort.
L'enfant s'éloigne encore. Il le dit plus fort mais sans crier. Il peut sortir de la classe, aller dans le couloir et essayer de se faire entendre des autres.
On recommence l'exercice avec un autre mot et un autre enfant. Cet exercice très facile permet aux enfants les plus timides, à ceux qui ont un problème de prononciation, aux enfants étrangers, de réussir à se faire comprendre de tous.
Dans une séance suivante, l'adulte complique en ajoutant au mot un article, un adjectif. Par exemple: *la maison bleue* puis il demande une phrase complète. Les enfants peuvent choisir leur mot, leur groupe de mots, leur phrase.

Jeu de timbre de voix
Objectif: faire prendre conscience de la différence de timbre de voix de chacun.

Déroulement:
1er jeu: trois enfants se cachent derrière un paravent. L'un d'entre eux prononce une phrase. Les autres enfants doivent découvrir à qui appartient la voix.
2e jeu: un enfant a les yeux bandés. Un enfant du groupe prononce une phrase. Le premier doit reconnaître celui qui a parlé.
On peut compliquer ces jeux en faisant prononcer seulement un son, par exemple: *ou*.

Le souffle
Objectif: faire prendre conscience de la longueur du souffle. Maîtrise de soi.

Déroulement: les enfants se placent debout en demi-cercle autour de l'enseignant.

Profiter de l'expiration pour souffler un son décidé à l'avance. Le tenir le plus longtemps possible. Quand l'enfant ne peut plus le tenir, il s'assied à terre.
Faire varier les sons par exemple: *ou, iii, oooo, rrrr, ffff.*
Faire chercher les sons aux enfants. Attention, il y a des sons qui ne peuvent être «soufflés», par exemple *m, n, b.*
Remarquer la force différente de l'air sortant de la bouche selon que l'on prononce fort ou doucement le son en mettant la main un peu en avant de la bouche ou une feuille de papier fin (papier hygiénique, feuille de papier à cigarette, papier de soie...).

Jeu de sons
Objectif: prise de conscience des possibilités de la voix parlée et chantée.

Déroulement: le groupe est assis face à l'adulte.
— Jouer avec les sons: choisir quelques sons de la langue française. Par exemple: *o, a, cr, br.*
Chercher avec les enfants toutes les façons possibles de dire le son: fort, pas fort, long, court, aigu, grave, triste, fâché, gai, sous forme de question ou de réponse.
Chanter le son (avec l'aide d'une flûte ou d'un xylophone pour faire varier la hauteur du son). Ce dernier exercice est très efficace pour un enfant qui aurait des difficultés à monter ou à descendre sa voix, surtout dans le chant.
Jouer avec les mots: même exercice que précédemment. Les mots sont choisis au hasard par les enfants ou tirés d'un chant, d'une poésie, d'une histoire, d'une séance de langage.

L'ORGANISATION SPATIALE ET TEMPORELLE

La scène est un espace que l'enfant devra apprendre à maîtriser. Cet espace a des chemins obligés: les entrées et les sorties de scène, les déplacements parmi les objets et les décors, les placements par rapport aux partenaires et aux spectateurs. Ces déplacements dépendent aussi de la position choisie par l'acteur (de face, de dos ou de profil) et de la vitesse d'exécution (course, marche, saut...).
L'enseignant peut proposer des jeux pour aider l'élève à organiser et à «sentir» son espace scénique.

Mémorisation de l'espace
— Organiser un espace avec des tables, des chaises, des corbeilles à papier, du matériel d'éducation physique. Les élèves se déplacent parmi ces accessoires sans les toucher. Puis chacun choisit un parcours et le fait plusieurs fois. Ensuite, les yeux bandés, il refait le parcours sans toucher les obstacles. Le nombre d'obstacles dépend de l'âge des enfants.
— Après avoir repéré la place d'un objet, le retrouver le plus rapidement possible, les yeux bandés.
— Les élèves, disposés en ligne, doivent s'approcher le plus près possible d'une corde placée sur le sol, d'abord les yeux ouverts pour étudier leur déplacement (nombre et grandeur des pas), puis les yeux bandés.

Maîtrise de son corps dans un espace défini
Délimiter un espace (tracé sur le sol). Les acteurs simulent une scène de bagarre, par exemple, et ne doivent pas dépasser les limites de l'espace défini.

Maîtrise du déplacement dans un espace délimité
Dans un espace donné tracé sur le sol, toute la classe doit se déplacer sans que les élèves ne se touchent. Cette séquence peut se faire en musique.

Mémorisation des consignes et de l'espace
L'espace est découpé en quatre zones tracées sur le sol. Chaque zone correspond à une consigne:
— soit de déplacement (en 1. je cours, en 2. je saute, en 3. je rampe, en 4. je marche);
— soit d'expression orale (en 1. je crie, en 2. je parle, en 3. je chuchote, en 4. je pleure).
Chaque élève doit respecter la consigne donnée pour chaque zone.

Maîtrise du temps
— Chaque enfant doit se déplacer d'un point à un autre dans un temps donné. Faire cet exercice par groupe de quatre dont l'un des enfants a un chronomètre. Choisir un mode et une vitesse de déplacement: par exemple, en vingt secondes, marcher d'un point à un autre en contournant un obstacle.
— Dans un temps donné, ramasser le maximum d'objets posés à terre et les déposer dans une corbeille.
— Dans un temps donné, ramasser un nombre défini d'objets. Cet exercice peut se faire avec peu d'objets dans un temps relativement long (régularité du geste) ou avec beaucoup d'objets dans un temps assez court (rapidité d'exécution).

L'ENFANT A LA DÉCOUVERTE DE SON CORPS

Au théâtre, l'expression gestuelle double, renforce ou remplace l'expression verbale. Elle permet de donner à l'action son rythme, sa puissance. L'acteur, l'enfant doit connaître une grande variété de postures corporelles expressives. Il doit savoir jouer avec les autres, avec les décors, l'espace scénique, les bruits.
Nous suggérons quelques exercices, mouvements, attitudes à faire réaliser aux enfants, sous forme de jeu, au cours de séances d'expression corporelle, de mime.

La gestuelle
— Tourner la tête, vite, puis doucement, vers quelqu'un;
— donner ou recevoir un objet;
— enlever un chapeau, un manteau... le remettre;
— tenir un objet de différentes façons;
— porter un objet lourd, puis léger;
— ouvrir, fermer une porte;
— observer et reproduire les gestes d'un partenaire;
— réagir à un bruit, à un contact.

Les déplacements

— Se déplacer d'un endroit à un autre de différentes façons, par différents chemins;
— se retourner doucement, puis vite;
— se jeter dans les bras d'un partenaire avec joie, avec peur, avec tristesse;
— se précipiter sur un adversaire, l'attaquer;
— se déplacer avec une robe longue, une couronne sur la tête, des chaussures trop grandes, un plateau avec un verre plein;
— se déplacer comme un mendiant, une sorcière, un géant, un roi;
— danser, sauter;
— monter un escalier;
— chevaucher à cheval;
— se déplacer comme certains animaux;
— observer la démarche d'un élève, l'imiter;
— apprendre à se déplacer par rapport à un partenaire, par rapport à un public. Par exemple, on peut se déplacer normalement et tourner la tête pour parler aux spectateurs ou se déplacer en se tournant vers les spectateurs;
— apprendre à entrer en scène, à en sortir.

Les expressions, les sentiments

— Avoir une attitude évoquant le sommeil, le rêve;
— exprimer la peur, la curiosité, la joie, la tristesse, la colère, l'ennui, la haine, la tendresse;
— soupirer, tousser, haleter, sursauter;
— exprimer la sensation de froid, de chaud;
— ressentir la fatigue;
— sentir les odeurs plus ou moins bonnes;
— toucher et réagir (contact agréable ou désagréable);
— avoir très mal à un endroit du corps;
— réagir à un bruit;
— goûter quelque chose et réagir.

Le but sera d'utiliser la créativité de l'enfant afin d'obtenir le maximum de jeux scéniques spontanés. Les enfants deviennent peu à peu acteurs: le plus effacé des figurants parmi les figurants peut acquérir au fil des jours l'assurance qui lui permettra de devenir l'acteur principal. Il se révèlera ainsi à lui-même, à ses partenaires et à son public.

LE CONTACT AVEC L'ÉCRIT

La perspective, dans une classe, d'une représentation théâtrale est une incitation à la lecture. Quoi de plus intéressant que de découvrir un texte dans lequel le lecteur va s'investir pleinement: il y sera le héros, le figurant, l'accessoiriste, le décorateur, voire le musicien, le metteur en scène.
Selon la maturité des enfants, l'approche de cet écrit se fera de manière différente.
Au CP l'enseignant lit l'histoire plusieurs fois. Ensuite les enfants la racontent verbalement, dessinent les différents événements, les personnages. Selon leur

niveau de lecture, l'adulte relit la pièce ou la fait lire en lecture silencieuse. Quand elle est bien assimilée, chacun choisit un personnage et relit particulièrement le rôle correspondant. Ensuite, par petits groupes, les élèves lisent à haute voix et en dialogue les textes choisis.
L'enfant est alors prêt à apprendre le texte d'un personnage. L'enseignant devra écrire chaque phrase sur une seule ligne afin qu'il n'y ait pas, dans la diction, de rupture de sens: utiliser des feuilles 21 × 29,7 dans la dimension 29,7.

Au CE1, CE2 (si le niveau de lecture est bon, sinon voir plus haut comme pour le CP) et CM1, CM2, après avoir lu le texte silencieusement, les élèves résument l'histoire, soit à haute voix, soit par écrit. Chacun choisit un personnage et la lecture se fait oralement en suivant les dialogues et avec différents lecteurs. Plusieurs lectures sont nécessaires pour que toute la classe participe. La lecture peut se faire également par groupes constitués d'autant d'élèves que de personnages du texte. Chaque groupe s'isole dans un coin de classe, de couloir, de préau. Les élèves se distribuent alors les rôles et apprennent le texte.

Pour toutes les classes:
— l'adulte peut proposer des pièces différentes dont l'une sera choisie par la classe;
— la distribution définitive des rôles est faite en accord avec tous les élèves;
— l'acteur doit avoir une parfaite connaissance de l'histoire qui va être représentée pendant le spectacle. Pour cela, une étude analytique collective, doit être faite: il faut rechercher l'explication des mots inconnus, réfléchir à la construction des phrases et analyser la place de certains mots.

LES RÉALISATIONS PLASTIQUES

Les décors

Les décors sont réalisés avec des matériaux courants, peu coûteux ou récupérés (carton, bouteilles en plastique, boîtes de lait), du mobilier scolaire agrémenté de tissu, de papier.
Les décors de fond de scène sont peints sur des grands morceaux de carton (boîtes mises à plat), reliés entre eux par du papier collant épais. Pour tenir verticalement, ils sont appuyés sur deux bureaux d'élèves.
Les portes sont peintes et découpées (sauf la charnière) pour pouvoir être ouvertes, lors des entrées et sorties des acteurs.
Pour changer de décor, deux accessoiristes se déplacent, discrètement, entre deux scènes, afin de poser le nouveau décor devant le précédent ou pour déplacer certains meubles ou objets.
Les élèves s'inspirent de documents appropriés pour réaliser la décoration. Ils font un ou plusieurs projets sur papier avant de peindre. Ils doivent réfléchir sur l'importance des formes, leur grandeur, leur couleur, leurs rapports entre elles.

Les costumes et accessoires

Les costumes sont réalisés très simplement, avec des tenues courantes. Il suffit de leur ajouter quelques éléments supplémentaires : plumes, papier de couleur, fourrure, masques, chapeaux, oreilles, queue... afin de souligner le caractère physique ou moral du personnage.

Cependant il est intéressant d'amener les enfants à analyser la fonction du costume : grâce à lui on peut accéder à un monde imaginaire, se transformer en un autre personnage (fée, sorcière, monstre, voleur, renard ou... maître d'école).

L'ACTIVITÉ THÉÂTRALE PENDANT L'ANNÉE SCOLAIRE

Pour que l'activité théâtrale soit enrichissante et éducative, elle doit être programmée sur une année scolaire, à raison d'une heure par semaine, voire deux. D'ailleurs ce temps inclut des matières d'enseignement telles que lecture, expression écrite, arts plastiques, poésies. Cette activité doit trouver sa place dans un moment de la journée où l'enfant est encore disponible, réceptif. C'est une séquence de travail, d'attention et, non pas, comme on pourrait le penser, une séquence de défoulement.

L'adulte y perd sa fonction d'enseignant. Il devient, lui aussi, acteur et transforme sa classe en un lieu imaginaire, ses élèves en personnages, souvent insolites, avec lesquels il va partager des aventures. Rapidement, il ne s'adresse plus à un enfant mais à un personnage.

Programme d'une année pour tout niveau de classe

Premier trimestre

— Jeux de voix (p 6);
— jeux spatio-temporels;
— mise en place de textes courts, de poésies, de saynètes;
— possibilité d'assister à la représentation d'une pièce de théâtre ou, à défaut, à une retransmission télévisée.

Deuxième trimestre

— Choix et étude d'une pièce;
— étude des différents rôles;
— recherches pour la mise en scène, les costumes, les accessoires, les décors.

Troisième trimestre

— Choix des acteurs, apprentissage des rôles;
— réalisation des décors, costumes, accessoires;
— mise en place du spectacle final.

L'AFFAIRE BARBE-BLEUE

THÈME
Barbe-Bleue a été assassiné. Qui est le coupable? Son neveu accuse les deux frères de la femme de Barbe-Bleue. Le commissaire mène l'enquête. Le coupable sera vite démasqué.

NOMBRE DE PERSONNAGES: 8
La veuve de Barbe-Bleue, la sœur Anne, les deux capitaines (frères de la veuve), le commissaire, deux gendarmes.

SUGGESTIONS POUR RÉALISER CE SPECTACLE
Les costumes: transposer l'histoire à notre époque. La veuve est habillée de noir ainsi que sa sœur. Le neveu, en pantalon, chemise, veston a une mine patibulaire: grosses moustaches, balafre sur le visage. Le commissaire est en tenue de ville. Les capitaines sont vêtus de couleur sombre avec des décorations, des galons dorés, éventuellement un képi. Les gendarmes sont également habillés de couleur sombre avec chapeau de gendarme, révolver à la ceinture, menottes.

Les décors: un seul décor pour cette pièce: le mur du fond du bureau peut être fait en carton avec une porte, des fenêtres dessinées et quelques affichages.
Le bureau est recouvert de papier, livres, stylo; une chaise est placée devant, cinq chaises derrière, les gendarmes restent debout. On peut ajouter une bibliothèque dans ce décor.

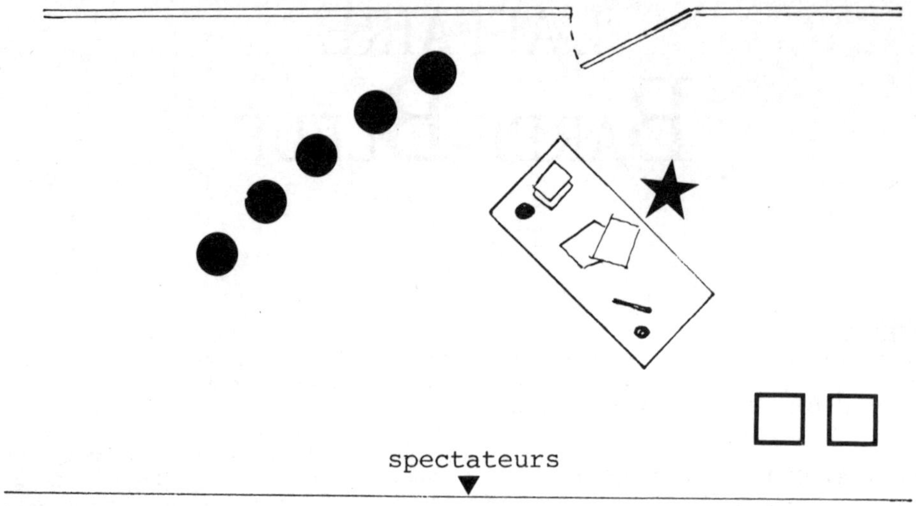

● les suspects
□ gendarmes
★ commissaire

Mise en scène: au début du spectacle les protagonistes sont au fond de la scène, près de la porte, debout, ou rentrent les uns après les autres sur scène par la porte. Les gendarmes sont placés sur le devant de la scène à droite. Ensuite les acteurs sont assis sur les chaises disposées légèrement face au public (voir le plan). A la fin les acteurs sortent par la porte. Le commissaire déguste sa mousse au chocolat (2 ou 3 cuillerées suffisent) et sort par la porte si la scène n'a pas de rideau.

Les accessoires: du matériel de bureau, une lettre, des menottes (faites en carton ou fil de fer), une cuiller, une serviette, un pot de mousse au chocolat.

LA PRÉPARATION

Faire lire aux enfants le conte de Barbe-Bleue (référence de cette pièce) afin qu'ils s'imprègnent bien des personnages, puis faire lire la pièce. Chercher enemble les traits physiques et moraux de chaque personnage.

Imiter les personnages dans leur gestuelle, leur langage.

Jouer à des confrontations verbales et physiques: joutes oratoires, dispute, croc en jambe.

Apprendre les textes et les dire en réinvestissant toutes les recherches faites auparavant.

L'AFFAIRE BARBE-BLEUE

PAR YAK RIVAIS

PERSONNAGES
Commissaire — Veuve de Barbe-Bleue
Sœur Anne — 1er capitaine — 2e capitaine — Neveu de Barbe-Bleue
Gendarme (éventuellement 2 gendarmes)

La scène se passe dans le bureau du commissaire.

COMMISSAIRE:

— Nom, prénom, qualité?

VEUVE DE BARBE-BLEUE:

— Je suis la veuve de Barbe-Bleue. Mon époux est mort il y a deux semaines. Et voici ma sœur, Anne. (*Celle-ci fait une révérence.*) Et mes frères...

LES CAPITAINES (*claquent les talons*):

— Capitaine Amédée Lefort, Monsieur le commissaire.
— Capitaine Antonin Lefort, Monsieur le commissaire.

COMMISSAIRE:

— Repos. Et vous êtes le plaignant?

NEVEU DE BARBE-BLEUE:

— Oui, Monsieur le commissaire. Je suis le neveu de la victime.

COMMISSAIRE:

— J'ai reçu votre plainte. (*Il brandit la lettre.*) Je suis prêt à vous écouter.

NEVEU:

— Il y a deux semaines, mon oncle, Barbe-Bleue, a été assassiné par ces individus...

LES AUTRES, *ensemble*:

— Oh! Assassiné! Ce n'était pas un assassinat! C'était de la légitime défense!

COMMISAIRE:

— Silence. — Poursuivez.

NEVEU:

— Ils ont assassiné mon oncle! C'est la vérité!

LES AUTRES, *furieux:*

— C'est faux! Menteur! Qu'est-ce qu'il raconte!

1er CAPITAINE:

— De quoi se mêle-t-il!

2e CAPITAINE:

— Je vais lui casser la binette!

COMMISSAIRE:

— Asseyez-vous! Gendarme! Veillez à ce que ces gens se tiennent tranquilles! (*Le gendarme s'approche du groupe. Tous s'assoient. Le commissaire reprend la parole:*) Poursuivez. Que s'est il passé au château de votre oncle le jeudi 15 mai dernier?

NEVEU:

— Barbe-Bleue est rentré de voyage. Ma tante (*il la désigne*) et sa sœur l'attendaient. Elles ont fait semblant d'être attaquées par lui et poussaient des cris pour ameuter le voisinage. Leurs frères, accourus comme par hasard, ont tué mon oncle à coups d'épées!

LES AUTRES, *indignés et tous ensemble:*

— Parce qu'il voulait massacrer notre sœur! Il est fou ce type! Il voulait m'égorger!

COMMISSAIRE:

— Silence! Gendarme! Faites asseoir ces énergumènes!
(*Tous s'assoient.*)

COMMISSAIRE:

— Si je comprends bien, Monsieur, vous accusez votre tante et ses frères et sœur d'avoir maquillé un crime en légitime défense?

NEVEU:

— C'est cela même!

1er CAPITAINE, *protestant*:

— Mais il est complètement fou!

2e CAPITAINE, *furieux:*

— Je vais lui faire passer le goût du tabac!

COMMISSAIRE, *tapant du poing sur le bureau*:

— Silence! (*Puis, calmement:*) Dans quel but?

NEVEU:

— Dans le but d'empocher l'héritage! D'ailleurs, voyez, Monsieur le commissaire! Ces deux-là n'étaient que sergents il n'y a pas huit jours! Aujourd'hui, ils sont capitaines! Demandez-leur donc qui leur a acheté leurs galons!

LES AUTRES, *ensemble*:

— Oh! C'est intolérable! De quoi se mêle-t-il!

COMMISSAIRE:

— Répondez. Qui a acheté vos galons?

Ier CAPITAINE:

— Mais... c'est... ça ne vous regarde pas!

2e CAPITAINE:

— Je vais lui écrabouiller le museau à ce petit sagouin!

COMMISSAIRE, *se fâchant*:

— Vous allez surtout vous asseoir et répondre aux questions! (*Le 1er capitaine force son frère à se rasseoir.*)

1er CAPITAINE:

— Eh bien... C'est notre sœur... Enfin... avec l'argent que lui a laissé son défunt mari...

NEVEU:

— Qu'est-ce que je vous disais!

1er CAPITAINE:

— Mais ça ne prouve rien contre nous!

2e CAPITAINE *(retenu par le premier)*:

— Attends que je t'attrape, toi!

COMMISSAIRE:

— Asseyez-vous! Gendarme! Passez-leur les menottes!

LES DEUX CAPITAINES, *ensemble:*

— Quoi! Vous oseriez faire ça!

COMMISSAIRE:

— J'oserai! Si vous ne vous décidez pas à vous taire! (*Un temps. Les deux capitaines se rassoient, calmés.*)

GENDARME *admiratif, en parlant du commissaire*:

— Il est fort.

COMMISSAIRE:

— Madame? Racontez-moi donc votre version de l'affaire?

VEUVE:

— Mon mari, Barbe-Bleue, m'avait remis la clé d'un petit cabinet mystérieux en m'interdisant d'y entrer et...

COMMISSAIRE:

— Et vous y êtes entrée. (*La veuve fait signe que oui.*)

GENDARME:

— Il est fort.

COMMISSAIRE:

— Qu'avez-vous vu dans ce cabinet?

VEUVE:

— Une chose horrible! Six cadavres de femmes! C'étaient les premières femmes de Barbe-Bleue! Egorgées! Du sang partout! (*Elle frissonne, sa sœur la prend dans ses bras.*)

COMMISSAIRE:

— Et alors?

VEUVE:

— Alors j'ai eu peur et j'ai laissé tomber la clé. Et quand mon mari est revenu, il y avait du sang sur la clé. (*Elle tremble de peur, sa sœur la serre contre elle.*) Il... Il s'est mis à crier qu'il allait me tuer! Il a brandi son grand couteau pour me trancher la gorge!

NEVEU, *ricanant*:

— Ah! Ah! Ah! Quelle farce!

COMMISSAIRE:

— Qu'est-ce qui vous amuse?

NEVEU:

— Mais Monsieur le commissaire, mon oncle était la douceur même! Jamais il n'aurait fait de mal à une mouche! Il n'a assassiné personne! C'est de la calomnie!

LES AUTRES:

— Oh! Oh! Oh! Le menteur! (*Les soldats font mine de se lever, mais le commissaire leur montre une paire de menottes. Ils se rassoient.*)

COMMISSAIRE:

— Avec votre permission, Monsieur le neveu, c'est moi qui mène l'enquête. Et je vous prie de vous taire, vous aussi.

NEVEU:

— Excusez-moi, Monsieur le commissaire.

GENDARME:

— Il est fort.

COMMISSAIRE:

— Madame, poursuivez.

VEUVE:

— Je me suis réfugiée dans ma chambre. Mon mari frappait à la porte, menaçait de l'enfoncer si je n'ouvrais pas. Ma sœur était montée sur la tour du château. Je lui demandais si elle ne voyait pas venir nos frères qui devaient justement nous rendre visite!

NEVEU, *goguenard*:

— Comme par hasard!

VEUVE:

— Barbe-Bleue tambourinait sur la porte! Ses coups et ses cris s'entendaient dans tout le voisinage!

ANNE:

— C'est la vérité, Monsieur le Commissaire. J'étais sur la tour et je scrutais l'horizon dans l'espoir d'alerter nos frères! Soudain, Barbe-Bleue a enfoncé la porte de la chambre où ma sœur s'était réfugiée! Il voulait lui trancher la gorge! Il hurlait! (*Cependant, le neveu ricane, hausse les épaules.*)

COMMISSAIRE:

— Et alors?

ANNE:

— J'ai repéré au loin un nuage de poussière! Nos frères arrivaient à cheval! Je leur faisais de grands gestes!

COMMISSAIRE:

— Et vous, Madame?

VEUVE:

— Je suppliais mon mari, je pleurais, je me traînais à genoux, je récitais mes prières...

COMMISSAIRE, *aux capitaines*:

— Et vous?

CAPITAINES *(une phrase chacun son tour, comme en surenchère)*:

— Sacrebleu! On poussait les chevaux! On avait compris qu'il se passait quelque chose!

COMMISSAIRE:

— Qu'avez-vous fait?

CAPITAINES *(même jeu)*:

— On est arrivés au château! Barbe-Bleue tenait notre sœur par les cheveux! Il s'apprêtait à la frapper! On lui a passé nos épées à travers le corps! Il est tombé raide! C'était de la légitime défense! Sacrebleu!

NEVEU, *criant*:

— Non! C'était un assassinat!

CAPITAINES *(même jeu)*:

— Répète ça, morveux! Je vais lui fendre le nez!

NEVEU:

— C'était un assassinat! Combiné! Vous avez tout manigancé! Jamais mon oncle n'aurait fait de mal à sa femme! Jamais! (*Il est dressé face aux deux capitaines qui cherchent à le frapper. Le commissaire s'est levé: il attache lestement une paire de menottes aux poignets des deux capitaines, les reliant ainsi entre eux. Du coup, tout le monde se tait subitement. Les capitaines sont ébahis et regardent leurs poignets.*)

COMMISSAIRE:

— Maintenant, asseyez-vous. (*Lui-même se rassoit.*)

CAPITAINES:

— Mais? Hé? Vous n'allez pas... heu... nous laisser ça?

COMMISSAIRE:

— Asseyez-vous. Tout le monde se calme! (*Ils obéissent.*)

GENDARME:

— Il est fort!

VEUVE:

— Monsieur le commissaire, je ne sais pas où veut en venir mon neveu, mais je vous ai dit la vérité. Barbe-Bleue allait me massacrer quand mes frères sont intervenus heureusement...

NEVEU:

— Vous mentez!

VEUVE:

— Mais non! Barbe-Bleue voulait me tuer! Comme il a tué ses premières femmes!

NEVEU:

— Mon oncle n'a jamais tué personne!

VEUVE:

— Mais si! Faites fouiller le cabinet! Vous y trouverez...

COMMISSAIRE, *l'interrompant*:

— Rien.

VEUVE:

— Que dites-vous?

COMMISSAIRE:

— J'ai ouvert le fameux cabinet: il était vide.

GENDARME:

— Il est fort.

(*La veuve regarde sa sœur et ses frères d'un air stupéfait.*)

VEUVE:

— Mais? Je... j'ai vu... Croyez-moi! J'ai VU les six cadavres! Et le sang! C'était affreux!

NEVEU:

— Mensonge! Mon oncle n'a jamais tué personne! Ce sont eux qui ont tout combiné! (*La veuve, sa sœur et ses frères se regardent sans comprendre.*)

COMMISSAIRE, *montrant un papier*:

— En revanche, Messieurs les capitaines, j'ai perquisitionné chez vous, et j'ai trouvé ceci...

CAPITAINES:

— Qu'est-ce que c'est?

COMMISSAIRE:

— Une lettre. De votre chère sœur. (*Il désigne la veuve.*) Datée de la veille du meurtre: 14 mai.

GENDARME:

— Il est fort!

CAPITAINES, *hébétés*:

— Une lettre?

COMMISSAIRE:

— Je vous la lis: « Chers frères, mon mari me fait peur. Débarrassez-moi de lui et nous partagerons son héritage. Demain, je ferai semblant d'être attaquée par lui. Je crierai, tout le monde croira que la brute m'assassine, et vous l'exécuterez. Personne n'y trouvera rien à redire, on pensera que vous me défendez. Signé: votre sœur qui vous aime et qui compte sur vous. »

VEUVE, *ahurie*:
— Mais? C'est... c'est impossible! Je n'ai jamais écrit cela!

CAPITAINES:
— Qu'est-ce que c'est que cette lettre! D'où vient-elle!

COMMISSAIRE:
— De chez vous!

CAPITAINES:
— C'est une machination!

VEUVE:
— Je n'ai pas écrit cette lettre! (*Elle s'effondre en pleurant, sa sœur la réconforte. Elle bredouille, s'adressant à ses frères:*) Je vous jure que je n'ai pas écrit cette lettre!

CAPITAINES, *au commissaire*:
— Et nous, nous ne l'avons jamais reçue! Nous sommes venus voir nos sœurs en profitant d'une permission!

COMMISSAIRE, *regardant le neveu, comme pour le prendre à témoin*:
— Pourtant la lettre était chez vous.

NEVEU:
— Parfaitement!

COMMISSAIRE *(même jeu)*:
— Dans votre appartement!

NEVEU:
— Parfaitement!

COMMISSAIRE *(même jeu)*:
— Sur une pile de dossiers!

NEVEU:
— Parfaitement!

COMMISSAIRE *(même jeu)*:
— Dans l'armoire!

NEVEU, *levant le doigt pour corriger*:
— Ah non, elle n'était pas... (*Il se tait subitement.*)

COMMISSAIRE, *tourné vers le neveu*:
— Oui? Vous alliez dire quelque chose?

NEVEU:
— Non. Rien. Je...

COMMISSAIRE:
— Vous avez l'air surpris?

NEVEU:
— Moi? Non. Pas du tout.

COMMISSAIRE:
— Quand j'ai dit que la lettre était dans l'armoire, vous avez voulu me corriger.

NEVEU, *embarrassé*:

— Hé bien... Heu... Il m'avait semblé que vous aviez dit auparavant qu'elle était dans un secrétaire?

COMMISSAIRE *(secouant la tête)*:

— Je n'en ai parlé à personne.

NEVEU:

— J'avais cru...

COMMISSAIRE:

— Imaginons que quelqu'un ait placé cette lettre dans le secrétaire. Vous me suivez? Bon. Ne serait-il pas étonné d'entendre que je l'ai trouvée dans l'armoire?

NEVEU:

— C'est possible... Je...

COMMISSAIRE:

— Vous vous êtes trahi. J'ai parlé de l'armoire exprès. Pour voir votre réaction.

NEVEU: *(il s'est levé, en colère)*:

— Qu'est-ce que ça veut dire!

COMMISSAIRE:

— Asseyez-vous, vous dis-je! (*Le commissaire brandit la lettre dans une main, et attrape un second papier sur son bureau, de l'autre main:*) Voici la plainte que vous m'avez adressée. Comparez donc les écritures?

NEVEU: *(mal assuré)*:

— Elles... Elles sont différentes...

COMMISSAIRE:

— Pas tant que ça, Monsieur le neveu! L'une, je vous l'accorde, imite assez bien l'écriture de votre tante. Mais tout de même. Regardez: les barres sur les «T». Les boucles des «L» et des «B» légèrement tordues vers la gauche. C'est VOUS, Monsieur le neveu, qui avez écrit une fausse lettre, VOUS qui l'avez placée chez les capitaines afin de les faire accuser.

GENDARME:

— Il est fort.

NEVEU, *décontenancé*:

— Mais... Je ne vous permets pas de... Et pourquoi aurais-je fait cela?

COMMISSAIRE:

— J'ai parlé à votre notaire. Il m'a révélé que sans votre tante, c'était vous qui auriez bénéficié de l'héritage de Barbe-Bleue. Vous le saviez?

NEVEU, *furieux*:

— Et après? Ça ne prouve rien!

COMMISSAIRE:

— Quand vous avez vu votre oncle tué par les soldats, vous vous êtes empressé de débarrasser le petit cabinet des cadavres qui s'y trouvaient. Vous avez écrit une fausse lettre pour que je fasse arrêter votre tante et ses frères. Ainsi, vous récupériez l'héritage...

GENDARME:

— Il est fort!

NEVEU:

— Je... Je... (*Il regarde autour de lui, et soudain s'enfuit en courant.*) Vous ne m'attraperez pas!
(*Mais un capitaine tend le pied en avant. Le neveu tombe par terre.*)

CAPITAINE, *indigné*:

— Sacrebleu! Le chenapan!

COMMISSAIRE:

— Gendarme! Arrêtez cet homme! (*Le gendarme veut arrêter le capitaine qui a fait le croc-en-jambe.*) Mais non! L'autre! (*Alors, le gendarme veut arrêter l'autre capitaine.*) Celui qui est par terre!

GENDARME:

— Heu, oui, oui, Monsieur le commissaire. Au nom de la loi, je vous arrête! (*Le commissaire délivre les capitaines, la famille s'embrasse. Les capitaines serrent la main du commissaire.*)

VEUVE et ANNE, et le GENDARME, *ensemble*:

— Il est fort.

COMMISSAIRE, *bourru*:

— Et maintenant sortez, je n'ai pas que ça à faire!
(*Ils sortent en se confondant en excuses et remerciements. Le commissaire se lève, va à la porte vérifier que tout le monde est parti. Puis il revient à son bureau, en sort une cuiller, une serviette, qu'il s'attache autour du cou, et un petit pot de mousse au chocolat. Avant de déguster, il crie vers la porte refermée*:)
Et qu'on ne me dérange sous aucun prétexte!
(*Il déguste.*)

RIDEAU

LE CAMBRIOLEUR

THÈME
Des parents qui rentrent plus tard que prévu; un dangereux malfaiteur signalé dans la région, cambrioleur, dentiste de surcroît et devenu garde d'enfants. Voilà de quoi créer une bonne ambiance dans la maison!

NOMBRE DE PERSONNAGES: 8
Les 3 enfants (2 garçons: un petit et un grand; une fille), le cambrioleur, Madame Roudoudou, Monsieur Roudoudou, 2 inspecteurs de police.
Il faut prévoir en plus un accessoiriste, un speaker dont la voix peut être enregistrée, 3 élèves ou plus sont des spectateurs afin d'entraîner certaines répliques.

SUGGESTIONS POUR RÉALISER LE SPECTACLE
Les costumes: Les 2 garçons sont en culotte courte et chemisette, la fillette en robe. Le cambrioleur porte une veste fantaisie, un pantalon, des lunettes, une grosse moustache amovible (à acheter dans un magasin de farces et attrapes). Madame Roudoudou est vêtue d'une robe, de chaussures à talons, elle est maquillée. Monsieur Roudoudou a une veste déchirée, un pantalon avec quelques accrocs, un œil au beurre noir (maquillage bleu). Les inspecteurs sont en tenue de ville ou portent un imperméable, l'un d'eux a un gros bandage autour de la tête (il a mal aux dents).

Les accessoires: Un jeu de cartes, un téléphone, des revues, un radio-cassette (avec une cassette sur laquelle est enregistrée de la musique, un texte et le bruitage de perceuse, de marteau...), une cordelette, un verre d'eau, un bâton (tube de carton), une sonnette ou cloche, une couverture, un sac genre cabas, des objets posés sur les meubles (bibelots, cendriers, bougeoirs, bijoux, billets et monnaie), un sac à main, un porte-monnaie rempli de billets pour le policier.

Le décor: Le fond de la scène représente un mur de salon auquel sont accrochés des tableaux que le cambrioleur pourra enlever ainsi que des fenêtres et des portes (voir dessin ci-dessus). Au centre de la scène sont placés un banc, un fauteuil, à droite (ou à gauche), une table, des chaises, quelques guéridons pour disposer les bibelots.

La mise en scène: Elle est décrite avec le texte de la pièce. Les acteurs entrent et sortent par la porte du fond.

LA PRÉPARATION

Le thème est lu aux élèves. Le texte est ensuite donné à un groupe d'enfants qui le prépare pour, ensuite, le lire devant la classe entière. Ainsi chaque élève choisit le rôle qu'il préfère afin de le travailler. Les acteurs devront répéter certaines actions afin de les réaliser spontanément sur scène: se chatouiller, utiliser une cordelette, lancer et recevoir un verre d'eau, un coup de gourdin, tituber, attacher quelqu'un avec une corde sur une chaise, se cacher sous une couverture dans un fauteuil, mimer les gestes du dentiste.
Ils devront étudier les entrées et sorties de scène, bruiter des bagarres, la sonnerie du téléphone.

LE CAMBRIOLEUR

PAR CHRISTIAN LAMBLIN

PERSONNAGES
Le fils aîné — Annie — Paul
Le cambrioleur
Madame Roudoudou — Monsieur Roudoudou
L'inspecteur de police — 2e inspecteur de police
Le public

(*Trois enfants sont assis dans un salon. Ils jouent aux cartes. Soudain, le téléphone sonne. Un des enfants décroche. Les deux autres se mettent autour de lui et le taquinent.*)

L'AÎNÉ:

— Allo... Ha! c'est toi, papa... Comment? Vous ne pourrez pas rentrer de bonne heure ce soir? (*S'adressant aux autres qui le chatouillent*) Ah! ça suffit maintenant! Mais non, papa... ce n'est pas à toi que je parle... c'est à Annie et Paul... ils me chatouillent... Alors vous rentrerez vers minuit? C'est pas grave, nous pourrons faire la cuisine nous-mêmes... *(A Paul)* Si tu continues, je vais te donner une baffe! Mais non, papa... ce n'est pas pour toi, la baffe! C'est pour Paul, il n'arrête pas de me tirer les cheveux... Comment?... Mais... Ah bon!... Oui... Bon, alors d'accord... A bientôt papa...
(*Il raccroche et se tourne vers Paul et Annie.*)
Alors voilà: Papa et maman ne peuvent pas rentrer ce soir. Papa a téléphoné à monsieur Roudoudou pour qu'il vienne nous garder. En attendant, nous devons rester sages!
Les enfants s'installent sur un banc pour lire des revues. L'un d'eux allume la radio: musique. Peu après, on aperçoit un homme qui se glisse furtivement derrière eux... Ils ne le voient pas... L'homme se rapproche silencieusement. Il tiend une cordelette et a un air menaçant... Soudain, flash d'information. L'homme s'accroupit derrière les enfants. Ceux-ci s'arrêtent de jouer et écoutent attentivement la radio...

SPEAKER:

— Attention, attention... On nous signale la présence d'un dangereux malfaiteur dans la région de...

LES ENFANTS, *sursautant*:
— Mais c'est près de chez nous!

SPEAKER:
— Nous n'avons pas de description précise de ce dangereux individu mais nous savons qu'il a une très grosse moustache. (*L'homme sursaute et enlève sa moustache sous les yeux des spectateurs.*) et qu'il ne porte pas de lunettes. (*Aussitôt l'homme sort une paire de lunettes de sa poche et la mets.*) Si vous rencontrez un individu correspondant à ce signalement, faites très attention et prévenez immédiatement la police! (*Reprise de la musique.*)

L'AÎNÉ:
— Ça alors! C'est à côté de chez nous! J'espère qu'il ne va pas venir ici!

PAUL:
— Ne t'en fais pas! S'il vient, je saurai bien le recevoir!

L'AÎNÉ:
— Ah bon? Qu'est-ce que tu lui feras?

PAUL:
— Et bien tout d'abord, je lui arracherai les moustaches. Et ensuite, je lui couperai les oreilles... et après je... je...
(*Pendant ce temps, l'homme se relève tout doucement. Il lève la cordelette au-dessus de la tête d'un des enfants, comme pour l'étrangler... Paul continue, un verre à la main*:)
Et ensuite je lui donnerai un grand coup de poing sur le nez!
(*Il fait le geste et envoie involontairement le contenu de son verre dans la figure du malfaiteur. Surpris, celui-ci recule de quelques pas en suffoquant. Les enfants ne se rendent compte de rien.*)

ANNIE:
— Tu parles! Un coup de poing sur le nez, ça ne sert à rien! (*L'homme revient à la charge, sur la pointe des pieds pour ne pas faire de bruit.*) Il vaudrait mieux lui donner un bon coup de gourdin sur le crâne! Comme ça! (*Elle saisit un bâton et en donne involontairement un grand coup sur la tête de l'homme qui se trouve juste derrière elle. Le malfaiteur titube et s'écroule lentement derrière le banc. Les enfants n'ont toujours rien vu. Ils reprennent leur discussion.*)

L'AÎNÉ:
— Ça m'a donné faim, cette histoire!

PAUL:
— Si vous voulez, je peux faire la cuisine!

LES DEUX AUTRES, *horrifiés*:
— Oh! là, là, non! Surtout pas! La dernière fois, tu nous as fait une tarte aux sardines! J'ai été malade toute la nuit et j'ai eu des boutons pendant une semaine!

PAUL, *vexé*:
— C'est pas de ma faute si vous n'êtes pas capables d'apprécier la bonne cuisine!

ANNIE:

— A quelle heure il vient, monsieur Grocoucou?

L'AÎNÉ:

— D'abord, ce n'est pas monsieur Grocoucou, mais monsieur Roudoudou. Ensuite, il ne devrait pas tarder à arriver!
(*Le malfaiteur se redresse et écoute attentivement.*)

ANNIE:

— Mais qui c'est ce monsieur Roudoudou? Tu le connais, toi?

L'AÎNÉ:

— Non... Je crois que c'est un ami à papa... Ils travaillent dans le même bureau... Je ne l'ai jamais vu... (*Le malfaiteur fait un signe pour montrer qu'il vient d'avoir une idée. Puis il quitte la scène sans se faire remarquer des enfants.*)

PAUL:

— En tout cas, j'espère qu'il sait bien faire la cuisine, ce monsieur Groboubou!

L'AÎNÉ:

— Pas Groboubou, Roudoudou!
(*On sonne.*)
Ha! ça doit être lui!
(*Entre alors le malfaiteur qui se fait passer pour l'ami des parents.*)

PAUL:

— Bonjour, monsieur Grobisous! On est bien content de vous voir parce qu'on commence à avoir faim!

LE CAMBRIOLEUR:

— Moi aussi, je commence à avoir faim... (*Il se frotte les mains et regarde vers le public d'un sale œil.*)

PAUL:

— Qu'est-ce que vous allez nous préparer?

LE CAMBRIOLEUR, *un peu dérouté*:

— Eh bien!... Eh bien!... Je ne sais pas, moi... Qu'est-ce que vous voulez?

ANNIE:

— Moi, du saumon avec de la confiture de groseilles! Hum!... Quel régal!

L'AÎNÉ:

— Et moi des raviolis avec du fromage et du sirop de menthe!

PAUL:

— Et moi une grosse glace avec de la crème chantilly et de la sauce au chocolat et des raisins et de la banane et des noisettes et... (*Les enfants papillonnent autour de lui en réclamant des plats différents.*)

LE CAMBRIOLEUR, *hurlant*:

— Ça suffit! Puisque c'est comme ça, je vais vous préparer des nouilles!
(*Mines déçues des enfants.*)

PAUL:

— Oh! non! pas des nouilles!... C'est pas terrible, les nouilles...

LE CAMBRIOLEUR:

— Tu préfères peut-être un marron? (*Il ricane méchamment en frottant son poing gauche dans sa main droite tout en regardant le public avec un vilain sourire complice.*)

PAUL, *innocemment*:

— Oh! non!... Les marrons, c'est pas terrible non plus... Par contre, j'aimerais bien quelques fraises!

L'AÎNÉ, *hurlant en se tenant la mâchoire*:

— Ah! non! Pas des fraises! Cela me rappelle trop le dentiste!

PAUL:

— Oh! si, si, monsieur! On va aller chercher des fraises et comme ça je monterai dans l'arbre pour les cueillir!

ANNIE:

— Mais non, andouille! Les fraises, ça ne pousse pas dans les arbres!

L'AÎNÉ:

— Et puis de toute façon, il n'y a pas de fraises ici! Nous sommes dans une ville, pas à la campagne!

PAUL:

— Mais alors, pourquoi on construit pas les villes à la campagne? Ça serait drôlement mieux! (*s'approchant de l'homme*)
Dis monsieur, tu nous emmènes à la campagne? Dis, dis... (*en tirant sur ses vêtements*) Dis, dis...

LE CAMBRIOLEUR, *énervé*:

— Maintenant, ça suffit! Toi, le puceron, tais-toi un peu! Et toi le grand bêta, va t'asseoir! J'ai dit que vous auriez des nouilles, vous aurez donc des nouilles! Et maintenant silence! Tout le monde s'assied sur le banc! (*Les enfants s'exécutent en grommelant.*)
Et maintenant, interdiction de bouger! Je vais à la cuisine pour préparer votre repas. Ensuite, tout le monde ira se coucher! Comme ça, je pourrai enfin être tranquille! (*Il se frotte les mains en regardant le public avec un vilain sourire puis il quitte la scène.*)

PAUL:

— Quel sale bonhomme, ce Grobidou! Pourquoi il me traite de puceron?

ANNIE:

— C'est vrai! Il n'est vraiment pas gentil! Je me demande comment fait papa pour travailler avec un homme pareil!

L'AÎNÉ:

— Il faut essayer de s'en débarrasser...

ANNIE:

— Oui, mais comment?

L'AÎNÉ:

— Attends, j'ai une idée... Paul, imite la sonnerie du téléphone comme tu sais si bien le faire... (*Le petit imite la sonnerie. Pendant ce temps, le grand décroche le combiné.*)

ANNIE:

— Plus fort! On n'entend rien de la cuisine!
(*Le petit s'époumone. L'homme arrive enfin.*)

LE CAMBRIOLEUR:

— Qui c'est?

PAUL:

— C'est le téléphone! C'est sûrement papa!

L'AÎNÉ, *faisant semblant de parler à son père*:

— Oui, d'accord, je lui dis... entendu... A bientôt... On vous embrasse... (*Il raccroche.*) C'était papa... lui et maman vont rentrer plus tôt que prévu. Ce n'est pas la peine que vous restiez plus longtemps... On n'a plus besoin de vous...

LE CAMBRIOLEUR, *dépité, réagit ensuite violemment*:

— Comment? On n'a plus besoin de moi? Qu'est-ce que c'est que cette histoire? C'est que je n'ai pas commencé mon travail, moi! (*Tout à coup, on sonne à la porte...*)

L'AÎNÉ, *criant*:

— Qui c'est?

MONSIEUR ROUDOUDOU, *en voix off*:

— C'est monsieur Roudoudou! Votre père m'a téléphoné pour que je vienne vous garder!

LE CAMBRIOLEUR, *après quelques secondes de stupeur*:

— Ça alors! C'est certainement le dangereux voleur dont tout le monde parle! Il ne faut surtout pas le laisser entrer ici, sinon...

L'AÎNÉ, *effrayé*:

— Mais qu'est-ce qu'on peut faire?

LE CAMBRIOLEUR:

— Attendez, je vais m'en occuper... (*Il quitte la scène. On entend alors des bruits de lutte et des cris, en coulisse. Puis le gangster revient, un peu débraillé.*)
Voilà, je lui ai réglé son compte! Maintenant, je vais aller chercher les nouilles. Vous les mangerez vite fait et ensuite hop! tout le monde au lit parce que j'ai encore beaucoup de choses à faire, moi... (*Il se frotte les mains en regardant le public d'un sale œil. Puis il repart à la cuisine.*)
(*Nouveau coup de sonnette.*)

LES ENFANTS, *en chœur*:

— Qui c'est?

MADAME ROUDOUDOU, *en voix off*:

— C'est madame Roudoudou! Je viens aider mon mari pour préparer votre repas! (*Elle entre en scène.*)

L'AÎNÉ:

— Ah, madame! Votre mari est vraiment formidable! Il vient de nous sauver la vie!

PAUL:

— Et aussi il m'a traité de sale puceron... Ça, c'est beaucoup moins formidable!

MADAME ROUDOUDOU:

— Alors là, vous avez raison, mes enfants! Mon mari est vraiment formidable! Et en plus il est drôlement costaud! Il a de ces muscles! (*Elle gonfle ses biceps en direction de la salle.*) Mais qu'a-t-il fait pour vous sauver la vie?

L'AÎNÉ:

— Eh bien, il a capturé le gangster dont tout le monde parle!

MADAME ROUDOUDOU:

— Quoi? Le terrible gangster avec des moustaches et pas de lunettes?

L'AÎNÉ:

— Mais oui, madame... Votre mari est à la cuisine, nous allons le prévenir de votre arrivée! (*Les enfants partent à la cuisine. Le gangster revient seul. Madame lui tourne le dos et ne le voit pas.*)

LE CAMBRIOLEUR, *au public*:

— Mon Dieu... Elle va bien se rendre compte que je ne suis pas son mari... Que faire? (*Il prend une couverture et s'en recouvre. Madame se retourne et l'aperçoit.*)

MADAME ROUDOUDOU:

— Ah! un fantôme! Au secours! Au secours! (*Les enfants reviennent.*)

L'AÎNÉ:

— Mais non! C'est pas un fantôme! C'est votre mari! Il a voulu vous faire une blague!

PAUL:

— Allez, monsieur Grojoujou! Arrête de faire le clown! On t'a reconnu!

MADAME ROUDOUDOU *se précipitant dans les bras de l'homme et l'embrassant à travers la couverture*:

— Ah! grand fou, tu m'as fait peur! Non seulement tu es courageux, mais en plus tu aimes jouer avec les enfants! Tu es vraiment formidable! (*L'homme émet quelques grognements.*)
Mais réponds-moi! Et puis retire cette stupide couverture.

LE CAMBRIOLEUR:

— Non! J'ai froid!

MADAME ROUDOUDOU, *soupçonneuse*:

— Mais dis donc... tu as une drôle de voix... Pourquoi parles-tu comme ça?

LE CAMBRIOLEUR:

— Parce que j'ai pris froid! (*Soulevant la couverture sans que la femme le voit et s'adressant au public.*) N'est-ce-pas, que j'ai pris froid?

LES ENFANTS EN CHŒUR:

— On a faim! On a faim!

LE CAMBRIOLEUR, *à la femme*:

— Va donc me chercher du pain! Il n'y en a pas dans cette maison! Et puis emmène les enfants! Comme ça, je pourrai préparer tranquillement le repas!

(*Elle s'en va avec les enfants. Dès qu'ils sont partis, le gangster enlève la couverture.*)

Ah! là, là!... Quel métier! ce n'est pas drôle tous les jours d'être cambrioleur! Bon, au travail maintenant! Je commence à en avoir assez de cette histoire!

(*Il prend un sac et ramasse des objets. Tout à coup, bruits de voix. La femme et les enfants reviennent. L'homme ne sait où se cacher... Il s'assied dans un fauteuil et se cache sous la couverture.*)

MADAME ROUDOUDOU ET LES ENFANTS, *entrant en scène*:

— Hou! hou! Où es-tu?

(*Ils le cherchent partout sans le trouver. La femme s'affale lourdement dans le fauteuil, donc sur le voleur. Les enfants quittent la scène pour le chercher. Pendant ce temps, la femme se relève 2 ou 3 fois pour prendre son sac, boire, quelque chose... Le voleur tente à chaque fois de quitter son inconfortable position, mais sans succès. Les enfants reviennent.*)

L'AÎNÉ:

— Je suis allé à la cuisine, il n'y est pas!

ANNIE:

— Moi, je suis allée dans la chambre, il n'y est pas non plus!

PAUL:

— Et moi, je suis allé dans les cabinets! Et bien il n'y est pas non plus!

TOUS ENSEMBLE:

— Mais où est-il donc?

(*La femme est toujours assise sur le gangster. Elle s'étire quelques instants puis prend un des enfants sur ses genoux. De temps en temps, on aperçoit la tête rouge et désespérée du gangster sous la couverture...*)

ANNIE, *en tapant sur le haut du fauteuil c'est-à-dire sur la tête du gangster*:

— Mais j'y pense... il est peut-être dans le jardin?

(*Tout le monde sort pour aller dans le jardin. Sur le fauteuil, la couverture remue faiblement. Puis le gangster se redresse péniblement. Il suffoque et se traîne un peu par terre pour reprendre son souffle. Les enfants reviennent.*)

L'AÎNÉ:

— Ha! vous êtes-là?

ANNIE:

— On vous a cherché partout!

PAUL:

— Et votre femme a pensé que vous étiez rentré chez vous! Alors elle est partie vous rechercher!

L'AÎNÉ:

— Eh bien, dites donc! Vous n'avez pas l'air en forme! Vous êtes malade ou quoi?

LE CAMBRIOLEUR:

— Non, ce n'est rien... je suis juste un peu fatigué...

L'AÎNÉ:

— Ne vous en faites pas! Asseyez-vous là et reposez-vous un peu. Nous, nous allons terminer de préparer le repas!
(*Ils repartent à la cuisine. Le voleur se redresse aussitôt.*)

LE CAMBRIOLEUR:

— Bon, ça suffit maintenant! Je commence à en avoir assez de cette histoire stupide! A moi l'argent et les bijoux!
(*Il reprend son sac et continue le cambriolage. A ce moment entre le vrai Roudoudou avec un œil au beurre noir et bien débraillé comme après une bagarre.*)

MONSIEUR ROUDOUDOU:

— Espèce de voyou! Tu croyais m'avoir bien attaché, mais tu t'es trompé!
(*Il essaie d'attraper le voleur mais celui-ci se sauve en abandonnant son sac. Roudoudou le ramasse. Attirés par le bruit, les enfants reviennent en scène.*)

LES ENFANTS, *en chœur*:

— Le voleur, le voleur! Au secours. Au secours!

MONSIEUR ROUDOUDOU:

— Mais non! Je suis monsieur Roudoudou!

PAUL:

— Menteur! Si tu es monsieur Roudoudou, pourquoi as-tu un sac plein d'objets volés chez nous?
(*Ils lui jettent la couverture sur la tête et le ceinturent. La femme revient.*)

MADAME ROUDOUDOU:

— Eh bien, non, il n'était pas chez moi... Mais... qu'est-ce que c'est que ça?

LES ENFANTS:

— C'est le voleur, nous venons de le capturer!

MADAME ROUDOUDOU:

— Le voleur? Vous êtes sûrs?

PAUL:

— Mais oui! Regardez! Voici le sac rempli des objets qu'il voulait nous voler.

MADAME ROUDOUDOU *se met alors à taper sur l'homme avec son sac à main*:

— Voyou! Vandale! Vous n'avez pas honte de vous attaquer à de pauvres enfants sans défense?

(*Ils l'attachent sur une chaise, puis madame Roudoudou téléphone à la police. Pendant ce temps, le vrai voleur vient reprendre son sac. Le public le voit mais pas les acteurs.*)

LES ENFANTS:

— Ha! Voilà la police! (*Le voleur se cache derrière le banc. Entrent deux inspecteurs en civil. L'un d'eux a un gros bandage autour de la tête et il se plaint d'une rage de dents.*)

MADAME ROUDOUDOU:

— Ha! messieurs! Vous voilà enfin! Je suis madame Roudoudou. C'est moi qui vous ai téléphoné. Le voleur est là, à votre disposition! Moi, je préfère rentrer chez moi avec les enfants. Ils y seront plus en sécurité. Et puis je dois retrouver mon mari, il a disparu. (*Elle part avec les enfants. Les inspecteurs se rapprochent de l'homme attaché.*)

LE 1er INSPECTEUR:

— Ha! le voilà donc, ce dangereux gangster! Finalement, nous avons quand même réussi à l'arrêter!

(*A ce moment, le vrai gangster essaie de se sauver discrètement. Les policiers l'aperçoivent.*)

LE 2e INSPECTEUR:

— Eh vous! Où allez-vous? Qui êtes-vous?

LE CAMBRIOLEUR:

— Moi? mais je suis monsieur Roudoudou! Il faut vite que je rentre chez moi... sinon ma femme va s'inquiéter...

LE 2e INSPECTEUR *dubitatif*:

— Ah bon!... Ah bon!...

LE CAMBRIOLEUR:

— Mais oui! Même que c'est moi qui ai capturé ce dangereux gangster! Au péril de ma vie!

LE 2e INSPECTEUR:

— Ah! Alors, c'est différent! (*Ils le félicitent chaleureusement.*)

LE CAMBRIOLEUR, *remarquant le pansement d'un des inspecteurs*:
— Mais... vous êtes souffrant?

LE 2e INSPECTEUR:
— Oui... une terrible rage de dents et je n'ai toujours pas eu le temps d'aller chez le dentiste.

LE CAMBRIOLEUR:
— Alors là, on peut dire que vous avez de la chance! Je suis dentiste. Laissez-moi voir ça...
(*Il fait asseoir l'inspecteur sur le banc.*)
Bon... ouvrez la bouche... Oh! là! là!... Que c'est vilain! Il faut soigner ça tout de suite!
(*Il prend des outils dans sa poche; une pince, un tourne-vis... et commence à «soigner» l'inspecteur. A ce moment, on passe un enregistrement de bruits de perceuse, de marteau, en accord avec les gestes du «dentiste». Quelques instants plus tard...*)
Voilà... c'est presque terminé... Ça fait 100 F.
(*Le policier rouspète un peu mais paie.*)
Restez encore assis... Je n'ai pas fini! Je vous ai mis un pansement avec un calmant. Vous devez attendre qu'il sèche!
(*S'adressant à l'autre inspecteur.*)
Vous! Tenez la tête de votre ami et comptez jusqu'à un million. Il ne doit bouger sous aucun prétexte! Vous m'entendez bien! Sous aucun prétexte!
(*Le policier commence à compter tout en tenant la tête de son collègue.*)

LE 1er INSPECTEUR, *debout, un peu étonné mais obéissant*:
— Quand même... il est un peu bizarre, ce dentiste...

LE CAMBRIOLEUR, *derrière eux, se frotte les mains d'un air satisfait, et s'adressant au public*:
— Eh voilà! Ce n'est pas plus difficile que ça!
(*Il prend le bâton et s'approche dans le dos du policier debout avec l'intention évidente de l'assommer. Cris du public. Le gangster regarde alors le public d'un air menaçant.*)
Vous allez vous taire!

LE 1er INSPECTEUR, *debout, sans se retourner*:
— Quoi? Que se passe-t-il?
(*Cris du public.*)
Quoi? Je ne comprends pas...
(*Le gangster renonce finalement à assommer le policier. Il reprend son sac et le remplit encore un peu. Il est sur le point de partir lorsque Roudoudou parvient à se détacher et à retirer la couverture. Surpris, le gangster recule. A ce moment entrent en scène la femme et les enfants. Le policier debout se retourne, l'autre reste assis, bouche grande ouverte et tête renversée.*)

MADAME ROUDOUDOU:
— Voilà mon Roudoudou!

LE CAMBRIOLEUR, *montrant Roudoudou*:
— Voilà le voleur!

LE 1er INSPECTEUR, *montrant le voleur:*
— Voilà le dentiste!

LES ENFANTS, *montrant Roudoudou*:
— Voilà le voleur!
(*Tout le monde se met à crier en montrant tout le monde du doigt...*)

LE 1er INSPECTEUR:
— Silence!
(*Tout le monde se tait.*)
Bon, alors... je ne comprends plus rien, moi...
(*S'adressant au public.*)
Vous voulez bien m'aider?

LE PUBLIC:
— Oui!!

LE 1er INSPECTEUR, *montrant l'autre inspecteur toujours assis*:
— Celui-là, c'est qui?

LE PUBLIC:
— Un policier!

LE 1er INSPECTEUR:
— Bon d'accord... Et ceux-là, qui c'est? (*montrant les enfants*)

LE PUBLIC:
— Les enfants!

LE 1er INSPECTEUR:
— Et cette dame?

LE PUBLIC:
— Madame Roudoudou!

LE 1er INSPECTEUR:
— Bon.. Eh bien! on commence à y voir un peu plus clair... Et celui-ci, qui c'est? (*montrant le gangster*)

LE PUBLIC:
— C'est le voleur! (*Celui-ci proteste violemment et affirme qu'il est Roudoudou.*)

LE 1er INSPECTEUR:
— Ah... Je vois que tout le monde n'est pas d'accord... Et celui-là, qui c'est? (*Montrant Roudoudou*)

LE PUBLIC:
— C'est Roudoudou! (*protestations du gangster.*)

LE 1er INSPECTEUR:
— Bon, eh bien! nous allons voir... je vais réfléchir... (*Il se rapproche du bord de la scène et s'adresse au public en aparté.*)
Quand je mettrai la main sur l'épaule du vrai Roudoudou, vous crierez «Ah!». Et quand je poserai la main sur l'épaule du gangster, vous crierez «Hou!». Vous êtes d'accord?

LE PUBLIC:

— Oui!

(*Le policier revient vers le groupe et tourne autour des deux hommes... Une ou deux fois il est sur le point de poser sa main sur une épaule. Le public commence à crier pour rien... Puis il pose la main sur l'épaule de Roudoudou.*)

Ah!

(*Puis sur celle du gangster.*)

Hou!

(*Alors le policier le prend par le bras et l'emmène hors de la scène.*)

LES ENFANTS:

— On a faim! On a faim!

MADAME ROUDOUDOU:

— Eh bien! venez tous chez moi! Je vais vous préparer un délicieux repas pour nous remettre de ces émotions!

(*Ils quittent tous la scène. Seul reste le policier malade, toujours assis sur sa chaise avec la bouche ouverte. Il n'a rien vu car tout s'est passé derrière lui. Tout à coup, il se rend compte de quelque chose de bizarre, il regarde autour de lui... personne... derrière lui... personne... Il regarde dans le public comme s'il cherchait quelqu'un... Il se lève puis il s'adresse au public.*)

LE 2e INSPECTEUR:

— Mais... où sont-ils tous passés?

(*Réponse du public...*)

LE 2e INSPECTEUR:

— Ils ont capturé le voleur?

LE PUBLIC:

— Oui!

LE 2e INSPECTEUR:

— Alors l'histoire est terminée?

LE PUBLIC:

— Oui!

LE 2e INSPECTEUR:

— Ça vous a plu?

LE PUBLIC:

— Oui!

LE 2e INSPECTEUR:

— Etes-vous d'accord pour applaudir tous les comédiens?

LE PUBLIC:

— Oui!!!

LE 2e INSPECTEUR:

— Alors les voici!

(*Reviennent en scène tous les comédiens qui se présentent et se font applaudir!*)

UN BANDIT QUI RETOURNE SA VESTE

THÈME
Le détective Holmes et son second Watson ont une énigme à résoudre: l'homme effondré au milieu des poubelles est-il le bandit recherché? Mais au fait... est-il droitier ou gaucher?

NOMBRE DE PERSONNAGES: de 10 à 12
Deux personnages principaux qui dialoguent: Holmes et Watson; des personnages muets: le bandit, les enfants sur des planches à roulettes (5 ou 6), les policemen (2 à 4).

SUGGESTIONS POUR RÉALISER LE SPECTACLE
Les costumes: Holmes est vêtu d'un imperméable, d'un chapeau en tweed (ou autre), il a une pipe.
Watson a un pantalon trop long et trop large, un imperméable étriqué, un chapeau ridicule et, pour la scène de la bagarre, des vêtements à peu près identiques mais déchirés et sales, la marque d'une bosse sur le front (à grimer avec du crayon à maquiller marron).
Le bandit porte une veste, un pantalon, un masque, des souliers trop grands afin de pouvoir les porter à l'envers.
Les enfants sont en culottes courtes, en shorts, en jupes... Les policiers portent des vêtements foncés, si possible un képi (à confectionner avec du papier fort), des revolvers (en carton ou en plastique) à la ceinture.
Les décors: le décor de fond représente les maisons d'une rue avec un hôtel de ville orné d'une pendule. Le côté gauche de la scène est masqué par un mur en carton sur lequel on a dessiné des briques ou des pierres. Sur le côté droit, un panneau pour indiquer un sens giratoire.

La mise en scène: pour leur entrée en scène, Holmes et Watson se dirigent vers le mur. La mise en scène est ensuite indiquée dans le texte de la pièce.

Les accessoires: Une pipe pour Holmes, des planches à roulettes pour les enfants, un gourdin, un sifflet, des poubelles ou des boîtes en plastique ou en métal pour bruiter la chute du bandit.

LA PRÉPARATION

L'enseignant, ou un élève bon lecteur, lit le thème de la pièce. La classe lit ensuite le texte en lecture silencieuse. Chacun choisit un personnage et par groupe de 3 (Watson, Holmes, le lecteur), les élèves lisent à voix haute en se répartissant dans différents coins de la classe, dans le couloir...

Le texte est appris. Certains enfants se proposent pour dire la pièce (l'enseignant doit solliciter certains trop timides). La classe choisit ses interprètes.

Pour cette pièce, il conviendra de travailler en particulier:

— les allures de Holmes et Watson, leur façon de parler, de se déplacer,
— la condition d'essoufflement de Watson,
— les déplacements des enfants en planches à roulettes,
— la chute des poubelles,
— les entrées et sorties des acteurs,
— la marche à reculons du bandit.

UN BANDIT QUI RETOURNE SA VESTE

PAR YAK RIVAIS

PERSONNAGES

Holmes — Watson

le bandit — des policemen — un enfant

La scène se passe dans les rues.

WATSON, *marchant, s'arrêtant*:

— Voyez, monsieur Holmes. Les traces de pas s'arrêtent au pied de ce mur infranchissable.

HOLMES:

— En effet, Watson. Et je ne vois ni traces d'échasses, ni traces d'un envol quelconque en montgolfière.

WATSON:

— Ça se complique!

HOLMES:

— Je crois deviner. Vous rappelez-vous cet homme à la démarche raide que nous avons croisé à l'entrée de l'impasse?

WATSON:

— Serait-ce l'homme que nous poursuivions? Mais dans ce cas? N'aurait-il pas laissé de nouvelles empreintes de pas en sens inverse?

HOLMES:

— Il pouvait marcher à reculons dans ses propres traces. Ou avoir chaussé ses souliers devant derrière. Venez, Watson! Suivons en sens inverse les traces qui nous ont amenés ici: notre homme est au bout!

(*Ils marchent.*)

WATSON, *essoufflé*:

— Pas si vite hhh monsieur Holmes hhh je n'arrive pas à vous suivre!

HOLMES:

— Suivez-moi Watson! Venez donc!

WATSON, *essoufflé*:

— Nous arrivons sur une place hhh publique hhh! Il y a même un sens hhh giratoire!

HOLMES:

— Observez, Watson! Notre homme l'a emprunté en sens inverse!

(*Ils tournent.*)

WATSON, *essoufflé*:

— Monsieur Holmes! hhh Voilà trois fois que nous faisons le tour hhh de cette place! Je reconnais la pendule hhh au fronton de l'hôtel de ville!

HOLMES *s'arrête, Watson aussi*:

— Notre homme a fait le tour une fois de plus! Regardez, Watson! Regardez! Ces enfants qui jouent à la planche à roulettes ne vous apprennent-ils rien?

(*On voit un enfant pleurer en se tenant la joue droite.*)

WATSON:

— Heu hhh non.

HOLMES:

— Notre homme est gaucher, Watson! Regardez l'enfant!

WATSON:

— Je vois, monsieur Holmes. Il n'a pas de planche à roulettes et il pleure. Sans doute parce qu'on la lui a prise.

HOLMES:

— En effet, Watson. Mais encore?

WATSON:
— Heu...

HOLMES:
— Voyez sa joue rouge! Il a reçu une gifle! Observez! Sur quelle joue, Watson?

WATSON:
— La... la gau... Non, la droite, monsieur Holmes.

HOLMES:
— Oui, Watson! Notre homme l'a giflé de la MAIN GAUCHE pour lui arracher sa planche à roulettes et pour fuir dessus!

WATSON:
— Sapristi!
(*L'enfant s'en va, en claudiquant.*)

HOLMES:
— L'homme n'ira pas loin, Watson! Observez la démarche de l'enfant?

WATSON:
— Je ne vois rien, monsieur Holmes.

HOLMES:
— L'enfant est boiteux! Donc il a une planche déréglée! Notre homme ne tardera pas à se casser la figure, Watson! Et voyez-le justement! Effondré parmi les poubelles! (*Il désigne quelque chose en coulisse.*)

WATSON, *excité*:
— C'est notre homme! Vous aviez raison!

HOLMES:
— Emparez-vous de lui, Watson!

WATSON, *hésitant*:
— Il a l'air furieux, et c'est un gaillard, monsieur Holmes. Et en outre, il brandit un impressionnant gourdin.

HOLMES:
— N'ayez crainte, Watson. Observez! Dans quelle main tient-il son gourdin?

WATSON:
— Heu... La... la droite...

HOLMES:
— Or il est gaucher! Rappelez-vous!

WATSON:
— C'est vrai, ça! J'y vais!
Rendez-vous, canaille!
(*Watson fonce en coulisse appréhender l'homme. On entend un grand fracas de poubelles renversées, des coups et des cris. En même temps, Holmes tire un sifflet de sa poche et il souffle dedans. Des policemen accourent, traversent la scène et foncent dans les coulisses. Watson revient, il a une ENORME bosse sur le crâne, ses vêtements sont salis, déchirés. Il titube.*)

HOLMES:

— Watson! Watson! Revenez à vous, mon vieux!

WATSON, *étourdi*:

— Heu? Que? Je... Où que je suis-je? Bonjour monsieur Holmes. How do you do? (*Les policemen reviennent sur scène, encadrant le bandit. Ils le présentent de face au public.*)

HOLMES:

— Ça va mieux, Watson? Les policemen ont capturé notre homme, grâce à vous!

WATSON, *étourdi*:

— Heu. Que. Qu'est-il arrivé?

HOLMES:

— Vous avez reçu un coup de gourdin.

WATSON:

— Aïe! La bosse que j'ai! Mais, monsieur Holmes? Ne prétendiez-vous pas que l'homme était gaucher?

HOLMES:

— C'était un gaucher de «la main gauche», comme dit l'expression populaire.

WATSON:

— Ah.

HOLMES:

— Rappelez-vous! Dans l'impasse! L'homme que nous avions croisé marchait raidement.

WATSON:

— Raidement, je me souviens.

HOLMES:

— C'est parce que, pour nous abuser, il avait enfilé son pantalon devant derrière et boutonné sa veste dans le dos. (*Sur scène, les policemen présentent toujours l'individu de face, ce qui fait qu'on voit le dos de sa veste et le derrière du pantalon.*) Avec un masque sur la nuque, et en marchant à reculons, il nous a fait croire qu'il avançait normalement. Regardez! (*Holmes fait se retourner le bandit: celui-ci porte un masque derrière la nuque; son pantalon et sa veste sont boutonnés par derrière. On a l'impression que c'est un drôle de bonhomme, de face. — De plus, il porte ses souliers à l'envers.*)

WATSON, *indigné*:

— Quel imposteur! Mais? Monsieur Holmes? Etait-il gaucher ou droitier?

HOLMES:

— Droitier!

WATSON, *piteux*:

— Vous disiez qu'il était gaucher!

HOLMES:

— Parce qu'il avait giflé l'enfant sur la joue droite! Observez! (*Holmes fait manœuvrer l'individu de dos pour la démonstration.*)

WATSON:

— Ah bon.

HOLMES:

— Mais j'ai résolu l'énigme, Watson! Avec ses vêtements boutonnés dans le dos, l'homme présentait en fait deux apparences faciales. L'une, fausse, et qui gifla l'enfant — ce qui explique que le coup porté de la main droite ait touché l'enfant sur la joue droite, et plutôt faiblement, vous me suivez? (*Il procède à la démonstration en manœuvrant le bras de l'homme.*)

WATSON:

— Je crois que oui...
(*Holmes retourne alors le bandit dans le bons sens.*)

HOLMES:

— Et l'autre face, la vraie celle-là, qui vous flanqua le formidable coup de gourdin que vous reçûtes, et qui, asséné à droite et franchement, rencontra votre crâne avec autant de force que de précision. (*Les policemen emmènent le brigand.*) Vous me suivez?

WATSON: (*ils s'en vont*)

— Quelle affaire! (*il grimace de douleur*) Ce que j'ai mal!

HOLMES:

— Vous devriez prendre de l'aspirine. Mal de tête égal aspirine.

WATSON, *main sur la tête*:

— Vous croyez?

HOLMES:

— Elémentaire, mon cher Watson!
(*Ils sortent.*)

RIDEAU

LES GRAZAOUIPOUNIAK

THÈME
Furillo, capitaine de vaisseau spatial, se retrouve sur une planète inconnue après une panne de réacteurs. Les habitants ne sont pas très accueillants et le capitaine finira dans une marmite d'eau bouillante comme un vulgaire pot-au-feu.

NOMBRE DE PERSONNAGES: de 8 à 20
Le capitaine Furillo (un garçon ou une fille), monsieur Grazaouipouniak, des Grazaouipouniak.

SUGGESTIONS POUR RÉALISER LE SPECTACLE

Les costumes: pour le capitaine: des moonboots ou des palmes, des chaussettes de couleur, des vêtements recouverts de papier d'aluminium, un baril de lessive accroché dans le dos avec de la ficelle sur lequel est fixé des gaines plastiques (utilisées pour les circuits électriques), une passoire peut servir de casque.

Pour tous les autres personnages: tenue ordinaire ou collants et pulls de couleur avec pour tous des lunettes de soleil à montures de couleurs vives (lunettes de soleil pour enfants).

Le décor: le fond de la scène représente l'intérieur d'une fusée avec une porte dessinée dans un grand carton et découpée pour qu'elle puisse s'ouvrir. Au centre de la scène une table, une chaise.

Les accessoires: l'ardoise électronique (une simple ardoise ou un jouet), un téléphone posé sur la table, un grand couteau (en carton), un bol et une cuillère par personnage présent lors de la scène du «repas», un morceau de pain, un couteau de table, une boîte de sel, une serviette de table, un couteau en carton accroché à la ceinture de chaque grazaouipouniak, un réveil.

La mise en scène: le capitaine, au début du spectacle est assis sur la chaise. Les grazaouipouniak entrent et sortent de scène par la porte de la fusée.

LA PRÉPARATION

Exposer aux élèves le thème de cette pièce, la leur faire lire d'abord silencieusement, puis à haute voix, chacun lisant un rôle ou les explications des scènes.

Les acteurs devront s'entraîner à parler la langue grazaouipouniak, inventer des suites, dialoguer dans cette langue avec des intonations (joie, colère, interrogation, négation...), apprendre à la mélanger avec le français, mimer les personnages dans leur gestuelle, rechercher leurs traits physiques. Quelques moments seront à travailler plus particulièrement:

— la scène où le capitaine mime quelque chose;

— la scène de l'attaque au couteau, le coup de pied, la galipette;

— les scènes où les personnages mettent les doigts dans l'oreille du capitaine;

— la scène où les personnages considèrent Furillo comme un animal bon à être mangé;

— la scène des éternuements;

— le moment où des aliments tombent du ciel: regarder en l'air, puis dans son bol, puis à terre, mimer le moment où quelque chose s'écrase sur le visage du capitaine, s'essuyer;

— la scène où Furillo mime le massacre du voleur de chaussettes.

LES GRAZAOUIPOUNIAK

PAR CHRISTIAN LAMBLIN

PERSONNAGES
Le capitaine Furillo,
des Grazaouipouniak

LE CAPITAINE FURILLO, *assis sur la chaise*:

— Ah! là! là!... Quelle aventure! Je volais tranquillement dans mon vaisseau spatial et toc! Voilà que mes réacteurs tombent en panne! Alors, bien sûr je perds de l'altitude, je plane, je rase des montagnes, des arbres (*Il mime la scène en écartant les bras.*) et vlan cradaboum! Je m'écrase sur cette espèce de planète inconnue. Et le pire, c'est que je ne sais même pas où je suis!

Il tourne en rond quelques secondes en s'épongeant le front et murmure.

C'est terrible, c'est terrible...

(*Puis il s'assied sur une chaise et sort une ardoise.*)

J'espère au moins que mon ardoise électronique va m'indiquer ma position...

Il fait semblant de pianoter quelque chose tout en émettant des sons comme «tip... tup... tip...». La réponse lui parvient au bout de quelques secondes. Il la lit d'un air épouvanté.

Oh! là! là! Mais c'est que je suis diablement loin de la Terre, moi! Je suis à... à ... (*Il déchiffre péniblement le nombre inscrit sur son ardoise.*)... Dix-huit mille... Euh, non... Dix-huit millions mille neuf mille cent quinze... Euh... (*Il prend un air inspiré et dit une longue suite de chiffres totalement incompréhensibles qui se termine par: millions de kilomètres de la Terre.*) Oh! là! là! (*air désespéré*) Ça fait vraiment loin!

Il saisit un téléphone et compose un numéro.

Allo... C'est toi, papa? Bon, je te téléphone pour te dire que je serai en retard pour le goûter... Ne m'attendez pas. Quoi? Quand est-ce que je vais revenir? Mais je ne sais pas, moi... Peut-être dans un ou deux siècles... (*On entend du bruit en coulisses.*) Excuse-moi, il faut que je te quitte... (*Il envoie quelques bises rapides et repose le téléphone. Il tend l'oreille en direction des coulisses.*)

Voilà du monde... Vite, il faut que je me cache.

Il s'aplatit derrière la chaise, les bras sur la tête et les fesses en l'air, face au public.

Arrivent deux personnages: un garçon et une fille qui discutent entre eux dans une langue incompréhensible.

LE CAPITAINE FURILLO, *parlant tout seul*:

— Ça alors! Ils ressemblent drôlement à des Terriens! Sauf que je ne comprends pas un mot de ce qu'ils racontent.

Les deux personnages passent derrière le Terrien et l'aperçoivent. Celui-ci relève doucement la tête et s'adressant au public:

Je crois qu'ils sont partis mais il vaut mieux être prudent. Je vais attendre encore un peu...

Les deux Grazaouipouniak l'observent en silence. L'un d'eux sort un grand couteau et s'apprête à le planter dans le dos du Terrien lorsque son compagnon l'arrête. Ce dernier prend un peu de recul et envoie un magistral coup de pied dans les fesses de notre capitaine. Celui-ci roule en avant puis il se relève en rouspétant et fait face aux deux autochtones.

Non mais, dites-donc, espèce de voyou! En voilà des manières de recevoir un invité!

Les deux Grazaouipouniak répondent dans leur langue.

LE CAPITAINE FURILLO:

— Ah, évidemment... on ne peut pas se comprendre puisqu'on ne parle pas la même langue.

L'un d'eux s'approche du capitaine et veut lui mettre un doigt dans l'oreille. Le Terrien se défend mais l'autre le menace avec son couteau. Le premier met donc son doigt dans l'oreille du capitaine, puis il prend un air inspiré et se met à parler dans sa langue. Peu à peu des mots français apparaissent...

MONSIEUR GRAZAOUIPOUNIAK:

— Zadagi... Ragouragou... Tagado bonjour comment ça va... Rabouiboui un bon camembert... Zigogo ça va bien merci... (*Voix métallique.*)

Il retire son doigt de l'oreille du capitaine et se met à parler un français saccadé.

Bonjour... Maintenant, je peux parler et comprendre votre langue...

Je me présente... Je suis monsieur Grazaouipouniak. Et vous? Qui êtes-vous?

LE CAPITAINE FURILLO *se redresse, se repeigne et vérifie sa tenue avant de répondre solenellement*:

— Moi, je viens de la planète Terre et je suis français.

MONSIEUR GRAZAOUIPOUNIAK:

— Ah! Bonjour, monsieur Mitterrand (*ou le nom du président en exercice*)!

LE CAPITAINE FURILLO:

— Euh... non! Je ne suis pas monsieur Mitterrand... Je suis le capitaine Furillo.

MONSIEUR GRAZAOUIPOUNIAK:

— Ah? bonjour, capitaine Godillot. Nous sommes heureux de vous accueillir!

Arrive un petit groupe de Grazaouipouniak. Tous portent des lunettes de soleil. Ils font cercle autour de Furillo et émettent de nombreuses remarques dans leur langue. Le public doit comprendre qu'ils considèrent Furillo non comme un invité mais comme un animal qui fera l'objet du prochain repas. Certains le tâtent...

UN GRAZAOUIPOUNIAK *se frottant le ventre de manière expressive*:

— Tagadi miam miam...

UN GRAZAOUIPOUNIAK *faisant la moue*:

— Ridago trop d'os, trop d'os...

LE CAPITAINE FURILLO, *ne se rendant compte de rien. Il se croit admiré*:

— Oui, chez nous, les hommes sont tous très beaux. Surtout moi...

Il gonfle la poitrine et montre ses biceps, mines réjouies et affamées du groupe.

Tout à coup, l'un des Grazaouipouniak a envie d'éternuer. Il reprend plusieurs fois sa respiration et soudain, tous les Grazaouipouniak éternuent en même temps, à la grande frayeur de Furilllo. Puis ils continuent leur conversation comme si de rien n'était.

L'un d'eux se dirige vers le chef, monsieur Grazaouipouniak et lui demande quelque chose. Celui-ci répond en se mettant le doigt dans l'oreille. Aussitôt tous les Grazaouipouniak se précipitent sur Furillo et tentent de mettre leurs doigts dans l'oreille du pauvre Terrien. Certains se trompent et lui enfoncent le doigt dans l'œil, dans le nez ou dans la bouche.

LE CAPITAINE FURILLO, *essayant tant bien que mal de parler avec sa bouche pleine de doigts*:

— Y sont bien gentils... Mais quand même ils exagèrent un peu...

Tout à coup, sans que l'on sache bien pourquoi, tous les Grazaouipouniak quittent la scène et Furillo se retrouve seul.

Pourquoi sont-ils partis? Qu'est-ce que je vais devenir, moi? C'est que je commence à avoir faim... Et il n'y a rien à manger, ici... (*Il regarde autour de lui, puis par terre.*) Tiens... Qu'est-ce que c'est que ça? (*Il se penche et ramasse une sorte de graine noire.*) C'est peut-être bon... (*Il la porte à sa bouche.*)... Mais c'est peut-être du poison... (*Il hésite.*)... Oh et puis tant pis, j'ai trop faim! (*Il la mange. Air inspiré de quelqu'un qui goûte.*) Hum... Mais c'est bon ça... Mais oui... Hum, c'est même délicieux!

Il en ramasse plusieurs et les avale en se régalant. Arrive un Grazaouipouniak. Furillo lui montre une boule.

Dites-moi, cher monsieur... Qu'est-ce que c'est que ça?

UN GRAZAOUIPOUNIAK, *l'air dégoûté*:

— Grogragra!

LE CAPITAINE FURILLO:

— Grogragra? Qu'est-ce que c'est?

Le Grazaouipouniak donne alors une réponse totalement incompréhensible que Furillo fait semblant de comprendre, puis il s'en va. Furillo se tourne alors vers le public en prenant un air totalement abruti.

Alors là, j'ai rien compris!

Il continue sa dégustation. Passe un autre Grazaouipouniak.

Vous pouvez me dire ce que c'est?

L'indigène enfonce doucement son doigt dans le nez de Furillo. Celui-ci rectifie d'un air exaspéré et met le doigt dans son oreille.

UN GRAZAOUIPOUNIAK:

— Grogragra... Grogragra... Grogra crotte de chien... Crotte de chien... (*Il retire son doigt et répète sa réponse.*) Les grogragras sont des crottes de chien.

Furillo fait alors une tête horrifiée et il recrache tout ce qu'il a dans la bouche. Le Grazaouipouniak s'en va.

Arrive un autre Grazaouipouniak. Il tient un bol dans une main et une cuillère dans l'autre.

UN GRAZAOUIPOUNIAK, *regardant le ciel et criant*:

— Miam miam!

Comme s'il attendait la chute de quelque chose. Puis il fait comme si quelque chose venait effectivement de tomber du ciel, en plein dans son bol. Il se régale en mangeant avec sa cuillère. Un ou deux autres

Grazaouipouniak font de même dans le fond de la scène.
Furillo est très intrigué. Il scrute le ciel mais n'y voit rien. Puis il veut les imiter. Il prend son casque et le tend devant lui.

LE CAPITAINE FURILLO, *criant en direction du ciel:*
— Miam miam. (*Rien ne tombe.*) Miam miam!

Juste à côté de lui, un Grazaouipouniak se régale bruyamment en dégustant ce qu'il vient de recevoir dans son bol. Furillo s'énerve. Tout à coup, il croit voir tomber quelque chose, mais il le rate et «la chose» s'écrase par terre. Il a un air déçu et énervé. Il s'applique, tend bien son bol en avant tout en se promenant comme une danseuse. Tout à coup, quelque chose tombe et s'écrase sur son visage. Furieux et dégoûté, Furillo s'essuie en rouspétant, puis il abandonne son infructueuse collecte.

Je pense avoir compris leur langue... Je vais essayer de demander quelque chose à manger...

Il s'approche d'un Grazaouipouniak et, très poliment, lui demande:

Tigazo zagissakado?

Avec l'air ahuri de quelqu'un qui en fait trop. En entendant ces mots, le Grazaouipouniak se met soudain dans une colère folle, comme si Furillo venait de l'insulter gravement. Il secoue le pauvre Terrien et l'abandonne sur place. Furillo est complètement dépité.

Ça alors... J'ai dû me tromper de mot... Pourtant, c'était bien ça... Tigazo zagissakado...

Le Grazaouipouniak se met alors à hurler depuis les coulisses. Furillo se confond en excuses avec une voix de plus en plus faible... Désespéré, il s'assied sur la chaise.

Bon... Il ne me reste plus qu'à faire un petit somme. J'espère que tout ira mieux demain...

Il retire ses palmes et ses chaussettes, puis il s'endort. Passe un Grazaouipouniak qui lui subtilise ses chaussettes. Puis un autre s'approche lentement de lui. Il porte un pain, un couteau et une boîte de sel. De sa poche, il sort une grande serviette de table et la met autour de son cou. Puis il ouvre le pain avec son couteau et il y glisse la main de Furillo. Il met un peu de sel, referme son sandwich et se prépare à le déguster.
Il mord dedans. Furillo se réveille en hurlant de douleur et le Grazaouipouniak se sauve.

Mon Dieu... mon Dieu... Où donc suis-je tombé? Il ne faut pas que je reste plus longtemps ici... Je dois partir... Vite, vite...

Il veut se rhabiller mais il s'aperçoit de la disparition de ses chaussettes. Il les cherche partout...
Reviennent Monsieur et Madame Grazaouipouniak. Ils ont chacun une chaussette sur la tête en guise de bonnet, mais Furillo ne s'en rend pas compte et il continue ses recherches.

MONSIEUR GRAZAOUIPOUNIAK:
— Que cherchez-vous?

LE CAPITAINE FURILLO, *très énervé*:
— Je cherche mes chaussettes! Si j'attrape celui qui me les a piquées, je le... je le...

Furillo mime alors le massacre du voleur. Il fait semblant de l'étrangler, de lui tordre les bras, de le piétiner, le tout avec beaucoup d'onomatopées. Au milieu de ses pitreries, son regard tombe sur la chaussette que porte l'un des Grazaouipouniak. Il s'arrête net.

Mais c'est... Mais c'est...

MADAME GRAZAOUIPOUNIAK:
— Mais c'est quoi?

LE CAPITAINE FURILLO:
— C'est ma chaussette! Voulez-vous me la rendre, s'il vous plaît?

MADAME GRAZAOUIPOUNIAK:
— Quoi? Vous voulez que je vous donne mon bonnet?

LE CAPITAINE FURILLO, *criant*:
— Mais ce n'est pas votre bonnet! C'est ma chaussette!

LES DEUX GRAZAOUIPOUNIAK, *en même temps:*
— Quoi? Vous voulez nous voler nos bonnets?

LE CAPITAINE FURILLO:
— Mais ce ne sont pas vos bonnets! Ce sont mes chaussettes!

Les deux Grazaouipouniak deviennent menaçants et grognent en sortant leurs couteaux. Furillo préfère ne pas insister et il retourne s'asseoir sur la chaise. Les Grazaouipouniak s'en vont.

Il ne faut pas que je m'endorme... Il ne faut pas que je m'endorme... (*Et il s'endort.*)

Quelques secondes passent. On entend alors une sonnerie de réveil et Furillo se réveille en sursaut.

Quoi... Quoi encore? (*Au bord de la panique.*)

UN HOMME *(sans lunettes) s'approche de lui et le salue*:
— Mes respects, mon capitaine. C'est l'heure!

LE CAPITAINE FURILLO:
— C'est l'heure? C'est l'heure de quoi?

UN HOMME:
— Mais l'heure du départ, mon capitaine! Votre fusée est prête à décoller!

Pendant le dialogue, d'autres hommes arrivent sur scène et se placent derrière Furillo.

LE CAPITAINE FURILLO:
— Ma fusée? Mais elle est en panne!

L'HOMME, *étonné*:
— En panne? Mais non, pas du tout, mon capitaine! Au contraire, elle est en parfait état!

LE CAPITAINE FURILLO:
— Et les Grazaouipouniak? Où sont passés les Grazaouipouniak?

L'HOMME:
— Les Grazaquoi?

Il commence visiblement à s'inquiéter de l'état de santé mentale de Furillo.

LE CAPITAINE FURILLO:
— Mais vous savez bien, voyons! Les Grazaouipouniak! Ces horribles créatures qui se mettent des chaussettes sur la tête et qui parlent français en mettant leurs doigts dans mon oreille!

Les hommes se regardent entre eux d'un air de dire: «Oh la la, il va mal le capitaine...»

UN AUTRE HOMME, *s'approchant de Furillo*:
— Je crois que vous avez rêvé, mon capitaine. Les Grazamachin n'existent pas!

UN AUTRE:
— Bien sûr, mon capitaine... Vous avez fait un cauchemar!

UN TROISIÈME, *très gentiment*:
— Mon capitaine... Vous avez l'air un peu fatigué... Vous devriez prendre un bain...

LE CAPITAINE FURILLO:
— Un bain? Ah oui, c'est une bonne idée... Cela va me détendre... (*Il sort de scène, les hommes y restent.*)

L'UN D'EUX, *parlant fort pour que le capitaine puisse entendre*:
— Alors, mon capitaine? Il est bon, ce bain?

LE CAPITAINE FURILLO *(voix off)*:
— Oh oui, très bon! Mais la baignoire est un peu bizarre... Elle est toute ronde, et il y a du feu en-dessous...

UN HOMME, *en souriant*:
— C'est pour que ce soit meilleur, mon capitaine...

LE CAPITAINE FURILLO :

— Ah bon... Mais l'eau devient un peu trop chaude...

UN HOMME :

— C'est pour que ce soit meilleur, mon capitaine...

Puis il est pris d'une soudaine envie d'éternuer. Il prend une ou deux fois son inspiration et tous les hommes éternuent en même temps.

Il fait un peu frais ce soir...

Puis il sort une grosse chaussette de sa poche et se la met sur la tête.

LE CAPITAINE FURILLO *(voix off)*:

— Mais... Mais... Je ne comprends pas ! Il y a plein de légumes qui flottent autour de moi ! Des pommes de terre... Des tomates... Des oignons... C'est pour quoi faire, tout ça ?

UN HOMME :

— C'est pour que ce soit meilleur, mon capitaine !

LE CAPITAINE FURILLO :

— Meilleur ? Mais qu'est-ce qui va être meilleur ?

Les hommes sortent alors des lunettes de soleil de leurs poches et ils les mettent.

LES HOMMES, *en chœur*:

— Qu'est-ce qui va être meilleur ? Mais c'est VOUS, mon capitaine !!!

Et ils quittent la scène en se frottant le ventre et en criant.

Miam miam !!!

RIDEAU

LE PROBLÈME

THÈME
Un maître d'école éprouve quelques difficultés à présenter un problème de mathématiques à ses élèves. La venue du ministre et du directeur n'arrange pas les choses.

NOMBRE DE PERSONNAGES: 13 ou plus
Treize personnages ont un texte à dire: le maître, neuf élèves, le directeur, le ministre, le concierge, mais toute une classe peut participer.

SUGGESTIONS POUR RÉALISER CE SPECTACLE
Les costumes: les élèves portent leurs vêtements habituels; le maître est en tenue de ville (sans oublier un chapeau et une écharpe) ainsi que le directeur et le ministre; tenue de travail pour le concierge avec un trousseau de clefs à la ceinture.
Toutefois, le maître peut être vêtu d'une façon originale pour rendre plus comique la situa-

tion complexe devant laquelle il se trouve: cheveux en bataille, pull ou chemise avec nœud papillon, le tout de couleur vive, veste à carreaux, pantalons trop longs ou trop courts.

Les décors: un carton dans lequel sont dessinées et découpées une fenêtre et une porte qui reste entrouverte, quelques affichages, une carte de France, etc. et un seau d'eau.
Ou tout simplement un rideau ou un drap tendu.
Le bureau, le tableau, les chaises et les tables des élèves sont disposés en oblique par rapport au public. Sur le tableau est écrit le problème, il est recouvert d'un grand tissu. On peut utiliser un tableau pivotant.

Mise en scène: au début de la scène les élèves entrent par la porte découpée dans le décor et vont s'asseoir à leur place en bavardant. Le maître pose son écharpe et son chapeau sur la chaise, reste debout en attendant le silence et dévoile ou retourne le tableau.
Au cours de la scène, les figurants peuvent adopter certains comportements trouvés par les enfants lors de la préparation de la pièce.
Les autres indications scéniques sont précisées dans le texte de la pièce.

LA PRÉPARATION
Exposer aux élèves le thème de la pièce, la leur faire lire, d'abord silencieusement, puis à haute voix; des élèves se proposent pour lire les personnages.
Chercher ensemble les traits physiques des personnages principaux et des figurants.
Imiter les personnages dans leur gestuelle, leur langage. Une recherche sera faite sur les comportements des élèves en classe: un élève tire les cheveux d'un autre qui fait la grimace, un autre se lève pour jeter un papier, pour ramasser sa règle, celui-ci mordille son crayon avec ennui, celui-là regarde par la fenêtre, taquine son voisin, rit, bâille...
Apprendre les textes, les dire et les jouer en réinvestissant toutes les recherches faites auparavant.

LE PROBLÈME

PAR CHRISTIAN LAMBLIN

PERSONNAGES
Le maître, 9 élèves
le directeur, le ministre, le concierge

Des élèves bien rangés entrent en classe. Ils sont suivis d'un maître. Celui-ci pose son écharpe et son chapeau sur une chaise pendant que les enfants s'installent à leurs places. Dès que le silence est revenu, le maître prend la parole.

LE MAÎTRE:
— Mes enfants, nous allons commencer notre journée par un petit problème de mathématiques. (*Puis il dévoile le tableau sur lequel un problème est déjà écrit. Il le lit à haute voix.*) Mon papa achète une grosse tarte aux fraises et il la partage en quatre. Sachant que la tarte pèse 800 grammes, quel va être le poids de chaque part? (*Se*

tournant vers la classe:) Est-ce que tout le monde a bien compris ce petit problème?

LES ÉLÈVES, *en chœur*:

— Ouiii.

LE MAÎTRE:

— Quelqu'un a-t-il des questions à poser?

Un enfant lève le doigt.

1er ÉLÈVE:

— Quand vous dites «mon papa», vous pensez à votre papa à vous ou bien à notre papa à nous?

LE MAÎTRE:

— Je pense à ton papa, bien sûr! Je ne vois pas pourquoi je parlerais de mon papa en classe!

1er ÉLÈVE:

— Ah bon... Ça m'ennuie un peu, maître... Mais, mon papa à moi, il n'achète jamais de tarte aux fraises. Dès qu'il mange une fraise, toc! Il se retrouve avec plein de boutons sur le nez! On dirait un vrai martien et ça fait rire tout le monde!

2e ÉLÈVE:

— Moi, c'est pareil avec mon tonton. Sauf que lui, c'est quand il mange du boudin. Une fois, à Noël, il a voulu en manger et alors...

LE MAÎTRE, *interrompant la conversation:*

— Non non non! Nous ne sommes pas ici pour discuter des problèmes de santé de vos familles! Cependant, pour faire plaisir à Laurence, je vais remplacer la tarte aux fraises par une tarte aux pommes. Est-ce que tout le monde est d'accord?

LES ÉLÈVES, *en chœur*:

— Ouiii.

LE MAÎTRE, *prenant le chiffon du tableau, efface «aux fraises» et le remplace par «aux pommes». Puis, se tournant vers la classe:*

— Maintenant, j'espère que tout le monde va pouvoir commencer son travail!

Les enfants se penchent sur leurs cahiers, sauf l'un d'entre eux qui reste le nez en l'air. Le maître se tourne vers lui.

LE MAÎTRE:

— Quoi encore?

3e ÉLÈVE:

— C'est à propos de «mon papa»...

LE MAÎTRE:

— Eh bien? Qu'est-ce qu'il a, ton papa? Il n'aime pas les pommes?

3e ÉLÈVE:

— Si, si... Il aime les pommes, Mais...

LE MAÎTRE:

— Mais quoi?

3e ÉLÈVE:

— Eh bien... Mes parents sont divorcés et je vis avec ma maman. Alors si quelqu'un doit couper cette tarte aux pommes, c'est forcément ma maman!

Le regard du maître va de l'élève au tableau et du tableau à l'élève. Il hésite, puis il efface rapidement «mon papa» et le remplace par «ma maman».

LE MAÎTRE:

— Voilà, j'espère que ça ira maintenant.

UN 4e ÉLÈVE, *levant timidement le doigt*:

— Euh... maître... Excusez-moi, mais moi, c'est le contraire. Mes parents sont divorcés et j'habite avec mon papa. C'est donc lui qui coupe les tartes aux pommes, forcément...

Le maître se gratte la tête. Visiblement, il s'énerve...
Il efface brusquement «ma maman» et le remplace par «Je».

LE MAÎTRE:

— Voilà! J'espère qu'il n'y aura plus de problèmes comme ça. Tout le monde est capable d'acheter une tarte aux pommes et de la couper, n'est-ce pas?

LES ÉLÈVES, *en chœur, sauf une petite voix*:

— Ouiii.

5e ÉLÈVE:

— Ça dépend maître...

LE MAÎTRE:

— Ça dépend? Ça dépend de quoi?

5e ÉLÈVE:

— Eh bien, ça dépend du prix! Une grosse tarte pleine de pommes, ça doit coûter cher! Et moi, je n'ai pas assez d'argent pour acheter une belle tarte comme ça!

LE MAÎTRE, *qui commence à transpirer*:

— Et une petite tarte? Est-ce que tu peux acheter une petite tarte?

5e ÉLÈVE:

— Ben euh... oui... enfin, je crois... Ça dépend...

Le maître efface «grosse» et le remplace par «petite».

LE MAÎTRE:

— Et voilà! J'espère que tout le monde est content, maintenant! (*Un élève se manifeste.*) Quoi encore?

6e ÉLÈVE:

— Il y a quelque chose de bizarre dans votre problème, maître... Vous écrivez une «petite» tarte de «800 grammes». Si elle pèse 800 grammes, c'est que c'est une grosse tarte, pas une petite! Une petite tarte, ça pèse beaucoup moins lourd que ça!

LE MAÎTRE:

— Bon, d'accord. (*Il essaie de contenir son énervement*). Nous allons diminuer le poids de cette maudite tarte. Au lieu de peser 800 grammes, elle va peser... 80 grammes.(*Le maître efface un zéro d'un geste rageur.*)

Je relis le problème (*en insistant sur les mots soulignés*): J'achète une petite tarte aux pommes et je la coupe en 4. Sachant que la tarte pèse 80 grammes, quel va être le poids de chaque part? Est-ce que tout le monde a bien entendu?

LES ÉLÈVES, *en chœur*:

— Ouiii.

LE MAÎTRE:

— Est-ce que tout le monde a bien compris?

LES ÉLÈVES:

— Ouiii.

LE MAÎTRE:

— Donc, tout le monde a bien compris?

LES ÉLÈVES:

— Ouiii.

LE MAÎTRE:

— Donc, tout le monde est capable de faire ce problème?

LES ÉLÈVES:

— Ouiii.

Sauf un enfant qui lève la main.

7e ÉLÈVE:

— Euh, maître... Je ne voudrais pas vous contredire, mais si c'est moi qui achète la tarte, je ne vois pas pourquoi je la couperais en 4. A la maison, nous sommes 7 en comptant mes parents. Et comme je ne veux pas faire des jaloux, il faut bien que tout le monde en ait un morceau!

8e ÉLÈVE:

— Chez moi, nous ne sommes que 5, mais il y a le grand-père qui ne mange jamais de gâteau à cause de ses dents. Il dit qu'à trop manger de sucreries, on attrape des caries...

S'ensuit un brouhaha, chacun voulant exposer son cas personnel...

LE MAÎTRE, *hurlant*:

— Silence! Bon. (*Il soupire, s'essuyant le front avec le chiffon du tableau.*) Puisqu'on ne peut pas se mettre d'accord sur le nombre de parts, nous allons imaginer que nous partageons cette tarte en classe... Voilà, c'est ça... Nous partageons cette tarte en classe... Comme nous sommes 23, il faudra faire 23 parts... 23 parts... C'est bien ça... (*se tournant vers la classe, menaçant.*) Et ça ne sert à rien de discuter! 22 élèves plus un maître, ça fait 23! 12 garçons, 10 filles et un maître, ça fait toujours 23! 22 cartables plus la serviette du maître, ça fait encore 23! Nous partageons donc cette tarte en 23! (*Il efface rageusement le 4 et le remplace par 23.*) Et maintenant au travail!

Tout le monde se met au travail, sauf deux élèves qui commencent à chuchoter dans le fond de la classe. Le maître s'approche d'eux, ils se taisent. Puis il s'éloigne, et la conversation reprend. Le manège se reproduit deux ou trois fois.)

LE MAÎTRE:

— Non mais, ce n'est pas bientôt fini! Qu'est-ce qu'il y a encore?

9e ÉLÈVE:

— C'est à cause de Stéphanie, maître... Elle dit que pour être poli, on doit vous donner une part plus grosse que les nôtres... Moi, je veux bien, mais ça ne simplifie pas les calculs...

LE MAÎTRE:

— Je ne veux pas une part plus grosse que les autres! Je veux une part comme les autres! Pas plus petite, pas plus grosse! Et maintenant ça suffit! Et maintenant au travail! Et maintenant silence! Et le premier qui ouvre encore la bouche, je le punis!

Tout le monde se met au travail dans un chuchotis d'opérations.

Suite à son énervement, le maître est débraillé. Il a de la craie sur sa veste et ses cheveux. Il n'est pas très présentable...

Tout à coup le directeur de l'école entre dans la classe. Il est suivi d'un autre homme.

LE DIRECTEUR:

— Bonjour, monsieur l'instituteur. Comme vous le voyez, je suis accompagné de monsieur X. C'est notre ministre... (*Le maître semble défaillir.*) Monsieur le ministre est dans notre école pour observer le travail des enfants...

LE MAÎTRE, *s'approchant du ministre*:

— Bonjour, Monsieur le ministre...

Le ministre ne réagit pas.

LE DIRECTEUR *(se penchant vers le maître lui chuchote)*:

— Parlez plus fort... Il est un peu sourd.

LE MAÎTRE, *hurlant*:

— Bonjour, Monsieur le ministre!

LE MINISTRE:

— Quoi? Qu'est-ce que vous dites? Vous trouvez que j'ai l'air sinistre?

LE MAÎTRE, *hurlant*:

— Mais non! Je vous dis: Bonjour Monsieur le ministre!

LE MINISTRE:

— Mais non, je ne suis pas le dentiste! Je suis le ministre! Le MI-NIS-TRE! (*Se tournant vers le public.*) Le pauvre homme! Il a l'air bien fatigué... (*Le ministre circule entre les tables, puis il regarde au tableau et lit le problème.*) J'achète une petite tarte aux pommes et je la partage en 23... (*Il s'interrompt, regarde le maître d'un air étonné puis*

poursuit sa lecture.) Sachant que la tarte pèse 80 grammes, quel sera le poids de chaque part...
Voyons, voyons... (*Air étonné.*) Ce problème me semble un peu curieux... Partager une petite tarte en 23, quelle drôle d'idée...

LE MAÎTRE, *tentant de s'expliquer*:
— Mais Monsieur le ministre, ce n'est pas ma faute... C'est à cause des enfants...

LE MINISTRE, *tendant l'oreille*:
— Quoi? A cause des éléphants? Quelle drôle d'idée... (*Regardant autour de lui.*) Mais je ne vois pas d'éléphants ici... juste d'adorables petits enfants... (*En aparté, avec le directeur.*) Dites donc, j'ai l'impression que ce maître est un peu fatigué... Il est tous les jours comme ça?

LE DIRECTEUR:
— Oh non, Monsieur le ministre! Monsieur Durand est un excellent maître! Il est très connu dans notre ville!

LE MINISTRE:
— Des crocodiles? Mais pourquoi me parlez-vous de crocodiles? (*Se tournant vers le public.*) Décidément, je crois que je suis tombé dans une école de fous! (*Puis, se dirigeant de nouveau vers le tableau.*) Allons, allons... Voyons ce problème...
Tout d'abord, si vous voulez partager cette tarte en 23, il faut en prendre une grosse, pas une petite! (*Le ministre saisit l'écharpe du maître en pensant prendre le chiffon du tableau. Il efface «petite» et le remplace par «grosse».*) Bien sûr, une grosse tarte pèse bien plus de 80 grammes! Voyons, voyons... Disons 800 grammes. (*Il corrige au tableau.*) Et puis...

(*Il recule pour mieux lire. Il est sur le point de s'asseoir sur la chaise où se trouve le chapeau du maître. Celui-ci essaie plusieurs fois de le reprendre sans que le ministre s'en aperçoive... Mais trop tard. Le ministre s'assied dessus. Puis il se relève et s'approche une nouvelle fois du tableau.*) Voyons, voyons... La partager en 23, quelle drôle d'idée! Ce sont des calculs trop difficiles pour des enfants de cet âge. Il faut faire plus simple... Par exemple, nous pourrions très bien la partager en 4... Oui, c'est ça... En 4! (*Il corrige, toujours en se servant*

de l'écharpe du maître en guise de chiffon. Puis il vient s'appuyer contre le bureau et, sans le faire exprès, il fait tomber la serviette du maître dans le seau d'eau. Il ne s'aperçoit de rien. Consterné, le maître s'assied à son tour sur la chaise.) Et puis... et puis... ce «je» m'ennuie un peu... Les enfants de cet âge sont encore trop jeunes pour acheter eux-mêmes des gâteaux... Ce sont généralement les parents qui se chargent de ce travail... Je crois qu'il serait préférable de dire «mon papa»... Oui, c'est ça... «mon papa», c'est très bien. (*Il corrige puis recule tout en regardant le tableau. Il s'assied sur la chaise où se trouve déjà le maître. Celui-ci grimace abominablement.*) Encore une petite chose... Je crois qu'il faudrait mettre un peu de couleur dans ce problème. A la place des pommes, dont la couleur n'est pas très vivante, je préfèrerais des fraises d'un beau rouge vif. Oui, c'est ça... Avec des fraises, ce sera parfait! (*Il retourne au tableau, efface «aux pommes» et le remplace par «aux fraises». Puis il relit le problème d'un air très satisfait.*) Mon papa achète une tarte aux fraises et il la partage en 4. Sachant que la tarte pèse 800 grammes, quel va être le poids de chaque part? Eh bien voilà un excellent problème! (*Se tournant vers le maître.*) Qu'en pensez-vous, monsieur Durand?

LE MAÎTRE:

— En effet, Monsieur le ministre. C'est un très beau problème... Mais je l'avais déjà écrit ce matin!

LE MINISTRE, *se tournant vers le public*:

— Un marsouin? Pourquoi me parle-t-il de marsouin? Décidément, tout le monde est très bizarre dans cette école! Il vaut mieux que je m'en aille! (*S'adressant au maître.*) Bon, allez, je vous laisse! Et bon courage! *Le ministre et le directeur sortent, laissant le maître dépité au milieu de sa classe. Sonnerie. Les élèves sortent à leur tour. Le maître reste seul. Il défroisse son chapeau, dépoussière son écharpe, récupère sa serviette dans le seau d'eau. A ce moment surgit le concierge.*

LE CONCIERGE:

— Ah! monsieur Durand! Votre femme vient de téléphoner pour vous demander un petit service...

LE MAÎTRE:

— Ah bon...

LE CONCIERGE:

— Oui, elle vous demande de passer à la pâtisserie pour acheter une tarte aux fraises...

LE MAÎTRE, *sursautant*:

— Une quoi

LE CONCIERGE:

— Une tarte aux fraises... pour quatre personnes. *Soudain, le maître jette ses affaires par terre et se met à courir après le concierge.*

LE MAÎTRE, *hurlant*:

— Je ne veux plus jamais entendre parler de tarte aux fraises! Je hais les tartes! Je hais les fraises! Plus jamais! Plus jamais!

PAS DE SALADE POUR VERTUCHOU

THÈME
Un narrateur éprouve des difficultés à lire une histoire: les personnages sortent, un à un, du livre pour manifester leur mécontentement.

NOMBRE DE PERSONNAGES: 8
Le narrateur, la taupe Vertuchou, l'escargot Phil Ronchon, le renard Filou les Crocs, J.-R. le papillon, Hector Voile et Vapeur le marin pêcheur, la poule Micheline.
2 accessoiristes.

SUGGESTIONS POUR RÉALISER LE SPECTACLE
Les costumes: le narrateur est en tenue de ville. La taupe Vertuchou est habillée de vêtements gris cendré et porte de grosses lunettes. L'escargot Phil Ronchon a un collant et un pull beige et une coquille sur le dos (par exemple un coussin sur lequel est dessiné une spirale) et des cornes en carton. Le renard porte un collant et un pull marron, une queue en fourrure. J.-R. le papillon a un collant et un

pull noir, des ailes de couleur, des antennes. Hector Voile et Vapeur porte des bottes de caoutchouc, un ciré, une pipe et une casquette.
La poule est en collant et en pull blanc ou beige, elle a une crête rouge, une ceinture avec 2 revolvers (en plastique ou dessinés sur du carton) et porte deux sacs de toile.

Le décor: le décor du fond de scène est un drap tendu ou un mur en carton décoré suivant l'imagination des élèves.
Au centre de la scène se trouve le grand livre ouvert perpendiculairement au public. Entre le fond de la scène et le livre, un drap noir est tendu afin de cacher les acteurs qui entrent et sortent du livre (voir dessin ci-dessous). Le livre, en carton, représente des épisodes de l'histoire. C'est un grand livre qui atteint presque la taille d'un élève.

Les accessoires: une chandelle, un tambour, un projecteur ou lampadaire, le grand livre, une baguette de bois, une lampe de poche, deux verres d'eau, deux sacs de toile pleins de graines, un lecteur de cassette qui permet de jouer une musique d'introduction, un enregistrement de cris d'animaux (mouton, vache, oiseaux) ou d'imitations faites par les élèves, une musique angoissante, la musique du film *Il était une fois dans l'Ouest*, une musique finale.

La mise en scène: le narrateur entre par le fond de la scène. Les autres acteurs sont cachés derrière le drap noir et se glissent discrètement, avant leur entrée en scène, dans le livre ouvert.
Certains passages sont lus par le narrateur, comme l'indiquent les instructions scéniques.

LA PRÉPARATION
Le thème de la pièce est lu aux élèves. Ils la liront ensuite en lecture silencieuse, puis à haute voix en se répartissant les rôles.
Il convient de travailler plus particulièrement:
— les entrées et sorties du livre,
— les différentes intonations qui marquent la contrariété, la colère,
— la scène où le narrateur se trompe dans le bruitage des animaux,
— l'accent «boulevard» du renard,
— le duel «western» entre la taupe et la poule.
Cette pièce peut être interprétée par des grandes classes pour les plus petits (CP, maternelle).

PAS DE SALADE POUR VERTUCHOU

PAR BENOÎT FOURCHARD
D'APRÈS UNE IDÉE DE GÉRARD BELLOT

PERSONNAGES
Le narrateur, Vertuchou
Phil Ronchon, Filou les Crocs,
Jean-René, Hector Voile et Vapeur,
Micheline

SCÈNE 1

Le narrateur arrive par le fond de la salle avec une chandelle. On l'entend avant de le voir.

LE NARRATEUR, *appelant en colère*:

— Au voleur! Au voleur! Mon livre! Mon grand livre! Il faut absolument que je le retrouve: je dois raconter l'histoire de Vertuchou. Vous ne savez pas où il est? Vous ne l'avez pas vu? (*Il entre dans la salle.*) Ah! Messieurs Dames, vous n'auriez pas vu passer un grand livre? C'est le livre qui raconte l'histoire de Vertuchou; si je ne le retrouve pas, je ne peux rien raconter! Mais c'est peut-être... (*il regarde vers la scène*) il est peut-être là-bas. (*Il s'approche.*) Ah oui! Le voilà. Je suis bête: c'est moi qui l'avais laissé à cette place hier. Mais où ai-je donc la tête? Chers amis, voici LE livre: l'histoire de la taupe Vertuchou. (*Il est toujours éclairé par la bougie.*) Attention! (*Il s'approche du livre.*) Musique! (*Roulement de tambour puis musique.*) Lumière!! (*Il allume les projecteurs braqués sur lui et sur le livre, puis il s'approche du livre et scande, en s'aidant de sa baguette d'instituteur.*) Pas... de... salade... pour... Vertuchou. (*Fin de la musique.*) (*Très docte.*) Les histoires commencent toujours par «Il était une fois». Alors, ainsi donc:

(*Il lit.*) «Il était une fois, autrefois, un lointain pays couvert de salades. Il y avait des laitues, des batavias, des pissenlits, des frisées aux

lardons, des scaroles, de toutes les tailles, pour tous les goûts. Toutes vertes et toutes délicieuses, tendres, parfumées. Un vrai régal... (*Il montre la première page du livre.*) Dans ce pays vivait un petit animal, une taupe appelée Vertuchou. Et, bien sûr, Vertuchou adorait la salade. Tous les jours il s'en délectait. Vertuchou, comme toutes les taupes, était complètement myope. Et s'il n'avait pas ses grosses lunettes, il ne voyait rien. (*Il montre la deuxième page.*) Un jour, Vertuchou s'aperçut que le nombre de salades diminuait dangereusement. Il mangeait, il mangeait, mais la salade ne repoussait plus. Il était obligé de creuser des galeries de plus en plus longues pour aller chercher sa nourriture, et d'aller de plus en plus loin. Et il trouvait de moins en moins de salades. Il ne comprenait rien et il se demandait même si ce n'était pas ses lunettes qui le trahissaient. "Ma vue aurait-elle encore baissé?" se demandait-il. "Si ça continue je vais devenir aveugle et mourir de faim."
Pourtant ce n'était pas sa vue qui baissait, mais bien les salades qui disparaissaient et ne repoussaient pas.
Un jour, ou plutôt une nuit, tenaillé par la faim, il ressortit de sa galerie. Quelle ne fut pas sa surprise quand il aperçut Micheline, la poule, ramasser les graines de salades qui traînaient par terre et les fourrer dans un grand sac...»

SCÈNE 2

VERTUCHOU:

— Faux!

LE NARRATEUR:

— Que... Quoi... Comment... Qui est-ce qui...

VERTUCHOU:

— J'ai dit faux!

LE NARRATEUR:

— Mais... Vertuchou... Tu n'as pas le droit!

VERTUCHOU:

— Pourquoi n'aurais-je pas le droit? C'est quand même de moi qu'il s'agit!

LE NARRATEUR:

— Oui, oui, d'accord, mais c'est moi qui raconte. Toi, tu dois rester dans le livre.

VERTUCHOU:

— Pas si tu te trompes!

LE NARRATEUR:

— Mais je ne me trompe pas, voyons!

VERTUCHOU:

— Ah pardon! J'y étais... Micheline, la poule, n'a jamais mis les graines de salade dans un grand sac. Elle les mangeait!

LE NARRATEUR:

— Ah bon? Elle les mangeait? Si les poules se mettent à manger les graines maintenant, où va-t-on?

VERTUCHOU:

— Mais les poules ont toujours mangé des graines! Et la poule Micheline, ce qu'elle aime surtout, c'est les graines de salade.

LE NARRATEUR:

— Oui, oui, j'y viens... Tu vas trop vite Vertuchou. Bon, et puis ça suffit, retourne dans le livre! N'oublie pas que tu n'existes pas: tu es mon invention.

VERTUCHOU:

— Bon, bon. Mais je te préviens, si tu ne dis pas la vérité, moi je reviens. (*Il disparaît derrière le livre.*)

SCÈNE 3

LE NARRATEUR:

— Bon, je disais donc, «Micheline la poule ramassait toutes les graines de salade et les mettait dans un grand sac...»

VERTUCHOU, *derrière le livre*:

— Pas dans un sac, nom d'un petit bonhomme, saperlipopette, pas dans un sac, elle les mangeait.

LE NARRATEUR:

— Heu, oui, oui, elle les mangeait, c'est ce que j'ai voulu dire. C'est après qu'elle emporta ces gros sacs pleins de graines... (*Hésitant.*) Oui, c'est après. Enfin, il me semble, ou bien avant?

VERTUCHOU, *ressortant du livre*:

— T'es vraiment nul pour raconter des histoires. Bien sûr, c'est après! Elle a emporté toutes les graines du pays. Ce qui fait que Roger Radis...

LE NARRATEUR:

— Le jardinier?

VERTUCHOU:

— Bien sûr le jardinier, qu'il est bête!... Eh bien Roger Radis, il n'avait plus rien à semer. Forcément, il n'y a que des salades dans ce pays...

LE NARRATEUR, *vexé*:

— Retourne dans le livre immédiatement; je te préviens, si je te rattrape...

VERTUCHOU:

— Ha, ha, ha!... (*Il fonce derrière le livre.*)

Apparaît en bas du livre Phil Ronchon, l'escargot.

LE NARRATEUR:

— Donc... Où en étais-je?... Ah oui... (*Il lit.*) «Voyant cela, Vertuchou décide de partir à la poursuite de la poule Micheline. Mais Micheline, comme son nom l'indique, était très rapide et, en plus, elle avait pris de l'avance. Heureusement, Vertuchou, qui est une taupe rusée, se doutait un petit peu de la direction qu'avait prise Micheline. Et il se mit en route. A peine parti, il se trouva nez à nez avec son copain Phil Ronchon, l'escargot bougon.»

SCÈNE 4

PHIL RONCHON:

— Pas nez à nez! Non, pas nez à nez!

LE NARRATEUR:

— Ah non! Tu ne vas pas t'y mettre aussi! Tu restes dans le livre.

PHIL RONCHON:

— Pas nez à nez, j'ai pas de nez. Pas nez à nez.

VERTUCHOU, *réapparaissant*:

— Ah, tu vois que tu es nul! Il a raison: pas nez à nez: je l'ai doublé. Voilà. (*Il rigole.*)

PHIL RONCHON:

— Ça va, Vertuchou. Je le sais bien que je ne suis pas un rapide. Mais je te signale que j'ai gagné la course avec Tartine, l'autre jour.

VERTUCHOU:

— Tartine la tortue? Ben tu parles, il n'y a pas de mal, Tartine, elle s'endort toutes les deux minutes. (*Il imite la tortue.*)

PHIL RONCHON:

— Oui, mais quand même...

VERTUCHOU:

— Ça, ça devait être marrant, une course entre un escargot et une tortue. Vous auriez dû aussi faire le concours de la plus belle caravane.

LE NARRATEUR:

— Vous le dites si je vous gêne.

VERTUCHOU:

— Toi, ça va; tu oublies la moitié de l'histoire.

PHIL RONCHON:

— Et moi, je suis plus rapide que Tartine la tortue.

LE NARRATEUR:

— Mais enfin, ça n'a aucun rapport avec mon histoire!

PHIL RONCHON:

— Quelle histoire?

LE NARRATEUR:

— L'histoire des salades, et de Vertuchou, et de la poule Micheline qui avait volé les grains de riz, non, de salade, et qui était partie dans un grand sac poursuivie par Roger Radis et son fusil...

VERTUCHOU:

— Mais il n'avait pas de fusil, Roger Radis, puisque c'est le jardinier! Et puis c'est moi, Vertuchou, qui poursuit Micheline. Tu racontes vraiment n'importe quoi!

LE NARRATEUR:

— Ah, vous me faites dire des bêtises, vous m'embrouillez, vous m'énervez, je suis en colère! (*Colère.*)

SCÈNE 5

VERTUCHOU:

— Allez, calme-toi, tiens, repose-toi deux minutes. Phil Ronchon et moi, on va raconter la suite: je venais donc de partir, quand soudain je vois mon copain Phil Ronchon: Phil Ronchon! Hé, Phil Ronchon!

PHIL RONCHON:

— Salut Vertuchou!

VERTUCHOU:

— Salut Phil. Dis, tu n'aurais pas vu passer Micheline la poule?

PHIL RONCHON:

— Micheline? Non. J'ai vu... deux voitures, un camion citerne, un solex, un tracteur, le Concorde, un aspirateur, un cul-de-jatte, 723 vélos — je crois que c'était le Tour de France —, mais pas de poule Micheline. A propos, t'aurais pas un peu de salade à me donner? Je ne sais pas ce qui se passe, on n'en trouve plus beaucoup en ce moment.

VERTUCHOU:

— Justement, c'est pour ça que je la cherche, c'est elle qui a volé toutes les graines de salade du pays!

PHIL RONCHON:

— Ha! C'est donc ça! Quelle catastrophe! Tu sais que j'ai faim moi!

VERTUCHOU:

— Oui, moi aussi, c'est pour ça qu'il faut la retrouver. Tu n'as aucune idée de l'endroit où elle aurait pu aller?

PHIL RONCHON:

— Voyons... Une poule... Ben, dans un poulailler!

VERTUCHOU:

— Ouais! Génial! Evidemment dans un poulailler. Merci Phil Ronchon, salut!

PHIL RONCHON:

— Salut mon petit gars, je ne t'accompagne pas, tu comprends. Mais fais pour le mieux.

Ils disparaissent tous les deux dans le livre.

SCÈNE 6

LE NARRATEUR:

— Ah! Il était temps. Nous voilà enfin tranquilles, je vais pouvoir continuer mon histoire. Bon, l'épisode de la rencontre entre Vertuchou et l'escargot, ça s'est un peu passé comme ça...

VERTUCHOU, *derrière le livre*:

— Ah, tu vois! Ha, ha, ha!!!

LE NARRATEUR, *en colère*:

— Mais c'est pas une raison! Donc, Vertuchou savait maintenant qu'il retrouverait la poule Micheline dans un poulailler. Ainsi il continua sa route... (*Vertuchou ressort du livre.*) Vertuchou, qu'est-ce-que tu fais encore?

VERTUCHOU:

— Je continue ma route, hi, hi, hi...

LE NARRATEUR:

— Je te répète que c'est moi qui raconte l'histoire.

VERTUCHOU:

— Mais tu te trompes tout le temps!

LE NARRATEUR:

— Aaaaah... Tu m'agaces Vertuchou, je ne me trompe pas.

VERTUCHOU:

— Bon, bon... (*Apparté au public.*) Il vaut mieux ne pas le contrarier. (*Au narrateur.*) Et maintenant, je te signale que c'est la nuit et que moi, je marche dans les bois.

LE NARRATEUR:

— Oui, oui, c'est noir. Alors Vertuchou est dans la forêt. Et à ce moment-là, il a très peur. (*Musique angoissante. Vertuchou circule parmi le public avec sa lampe. Projecteur sur le narrateur qui lit.*) «Il fait très très sombre dans le bois. Vertuchou entend de drôles de bruits: des branches qui craquent, des hiboux et des chouettes qui ululent. Les grillons grillonent, les arbres ressemblent à de grands bonshommes avec de grands bras. Il a l'impression de voir une ombre furtive passer souvent à côté de lui, quand soudain...» (*Arrêt brutal de la musique.*)

Filou les Crocs apparaît dans la lumière de Vertuchou qui est remonté sur scène. Il était arrivé jusqu'à lui avec une tenture noire sur le dos, comme un fantôme.

SCÈNE 7

FILOU LES CROCS:

— Ouah! Ha, ha.

VERTUCHOU, *apeuré*:

— Heu... Bonjour!... monsieur le Renard.

FILOU LES CROCS:

— Salut! (*Très loubard.*) Alors, on se promène?

VERTUCHOU:

— Oui!... Non... Je cherche...

FILOU LES CROCS:

— Ha, ha... On farfouille... dans mes bois!

VERTUCHOU:

— Non, non, je passais comme ça... Je cherche une poule, la poule Micheline, parce qu'elle a volé toutes les graines de salade, alors, dans mon pays, on meurt de faim, moi, Phil Ronchon, Roger Radis et Tartine la tortue, alors moi... (*Très vite.*)

FILOU LES CROCS:

— Ça va, ça va, j'ai compris. Tu ne pouvais pas mieux tomber. Tu sais, moi, les poules, c'est ma spécialité. Par contre, les taupes, pas terrible...

VERTUCHOU:

— Non, non, pas terrible. Trop maigre, trop myope.

FILOU LES CROCS:

— Non, vraiment pas terrible... Enfin, si je ne trouvais plus de poules, je pourrais peut-être me contenter d'une taupe. Après tout, une taupe, une poule... A part les lunettes... Mais aujourd'hui, tu vois mon petit gars, je suis sympa. Et puis j'ai déjà mangé, alors écoute: tu vas sortir de cette forêt. Tu vas arriver à la mer, et de l'autre côté de la mer, tu verras un poulailler. Là, tu retrouveras sûrement ta poule Micheline et ses sacs de graines.

VERTUCHOU:

— Merci monsieur le renard.

FILOU LES CROCS, *écœuré*:

— Ouais, tu as de la chance d'être une taupe.

VERTUCHOU:

— Oh oui! Quelle chance d'être une taupe!... La taupe Vertuchou!

(*Vertuchou perd ses lunettes et ne voit plus rien. Le renard rit grassement.*)

LE NARRATEUR, *à Vertuchou*:

— Derrière toi, tes lunettes, abruti! Allez, dépêche-toi, on n'est pas là pour rigoler. Toi le renard tu t'en vas, et toi Vertuchou tu sors de la forêt.

VERTUCHOU:

— Oui, oui, je sors de la forêt.

LE NARRATEUR:

— Et tu rentres dans ton livre!

VERTUCHOU:

— Bon, bon...

Le renard et Vertuchou disparaissent. Musique entraînante.

SCÈNE 8

LE NARRATEUR, *à lui-même*:

— Faudrait peut-être voir qui c'est le chef ici! «Voilà donc Vertuchou qui part de la forêt. Le jour se lève. On entend les petits oiseaux qui chantent, les petits oiseaux.» (*Il met la musique, on entend une vache.*) Heu... oui, les vaches qui broutent l'herbe dans les champs. Alors les vaches... (*On entend des bêlements.*) Bien sûr, la bergère qui emmène ses moutons. (*Bruits d'oiseaux.*) Bon, voilà, c'est bien ce que je disais, les oiseaux. Bref, c'est le matin.
A ce moment surgit J.-R. le papillon.

J.-R.:

— Mon pauvre ami, tu deviens vraiment vieux.

LE NARRATEUR:

— Jean-René, le papillon! Allons bon! Mais qu'est-ce que tu fais là? Tu n'es pas dans l'histoire!

J.-R.:

— Non, c'est vrai. Mais j'ai vu que tu ne t'en sortais pas avec tes oiseaux, tes vaches et tes moutons, tes poules et tes renards, tes escargots. Alors je me suis dit que j'allais m'y mettre aussi. Hein, pourquoi pas un papillon?

LE NARRATEUR:

— Bon écoute, J.-R., l'histoire est suffisamment compliquée comme ça. Alors, tu peux rester là, tu peux regarder, tu peux écouter, mais ne m'ennuie pas, d'accord?

J.-R.:

— Mais pourquoi n'aurais-je pas un rôle dans cette histoire moi aussi? Après tout, j'aime ça, la salade.

LE NARRATEUR:

— Tu n'es pas dans l'histoire, tu n'es pas dans le livre, alors va te laver les pieds, sinon: un œuf, une soupe, et au lit!

J.-R.:

— Ça c'est marrant alors! (*Il s'envole.*) Oh! J'ai une idée! J'aperçois Hector Voile et Vapeur, le marin pêcheur, là-bas, qui attend son heure.

LE NARRATEUR:

— Qui attend son heure?

J.-R.:

— Oui, l'heure de la marée. Il pourrait, sur son chalutier, emmener Vertuchou.

LE NARRATEUR:

— Vertuchou?

J.-R.:

— C'est pour la rime.

LE NARRATEUR:

— Pour la rime!... Ah, oui...
J.-R. rigole.

J.-R.:

— N'oublie pas que Vertuchou doit traverser la mer, car le poulailler...

SCÈNE 9

LE NARRATEUR:

— Oui, oui, c'est vrai. Bon. (*Il lit.*) «Alors ainsi donc, Vertuchou, après être sorti du bois, et après avoir traversé quelques prés, au petit matin, aperçut, comme le lui avait dit Filou les Crocs, le renard, Vertuchou aperçut ainsi donc alors, aperçut la mer. Et sur la plage Hector Voile et Vapeur, le marin pêcheur. (*Hector apparaît dans le livre fumant la pipe.*)
A quoi reconnaît-on un marin pêcheur? Les bottes en caoutchouc, le ciré jaune, la casquette, et surtout, élément important, la pipe.»

VERTUCHOU:

— Oui, mais tu oublies quelque chose.

LE NARRATEUR:

— Oui? Qu'est-ce que j'ai oublié?

VERTUCHOU:

— La mer! (*Il balance un verre d'eau, on entend Vertuchou et Hector rigoler.*)

LE NARRATEUR, *vexé*:

— Vertuchou, tu m'agaces...

HECTOR:

— Alors monte dans mon bateau.

Vertuchou s'assoit sur les genoux d'Hector. Les deux très dignes, très droits, impassibles pendant que le narrateur s'enflamme.

LE NARRATEUR:

— «Vertuchou monte dans le bateau d'Hector. Il lève l'ancre, le bateau sort du port. A peine ont-ils dépassé la jetée que la mer se déchaîne, des vagues énormes se gonflent, s'écrasent sur la coque du bateau, passent par-dessus bord. C'est une tempête effroyable qui secoue le chalutier d'Hector; Vertuchou a bien du mal à s'accrocher pour ne pas tomber. La coque a complètement disparu. Le bateau est comme une coquille de noix perdue sur l'océan déchaîné, le ciel se confond avec l'eau. Heureusement bientôt apparaissent les rochers de l'autre côté. Mais Hector arrivera-t-il à manœuvrer son embarcation, à éviter le naufrage? Il risque à tout instant de se fracasser sur de dangereux écueils... Mais Hector est un grand marin et il arrive à se faufiler jusqu'à la plage sans casser son petit chalutier. Bravo Hector, bravo! Tu as sauvé Vertuchou!» (*Il n'en peut plus.*)

VERTUCHOU, *descendant des genoux d'Hector*:
— Dis-donc, c'était plutôt calme comme voyage. C'est un vrai lac cette mer.

HECTOR:
— Oui, je sais, pas de vagues, pas de tempêtes, pas de raz de marée. Beau temps, mer calme, soleil. Une promenade, hein, Vertuchou?

LE NARRATEUR, *se remettant de ses émotions*:
— Mais enfin, pas du tout, il y a eu une tempête terrible! Vous avez frôlé la mort!

VERTUCHOU, *à Hector*:
— Et voilà, il continue à se tromper d'histoire. Depuis le début, il n'arrête pas. Si je ne surveillais pas ce qu'il raconte, il aurait mis le poulailler en haut de la tour Eiffel... Allez, merci Hector, à bientôt!

LE NARRATEUR:
— Je vous dit que vous avez traversé une terrible tempête.

VERTUCHOU:
— Oh, mais, de toute façon ça ne change rien puisque je suis de l'autre côté.

LE NARRATEUR:
— Bon, bon, on a assez perdu de temps.

SCÈNE 10

LE NARRATEUR:
— «Voici bientôt qu'arrive la terrible rencontre de Vertuchou, la taupe et Micheline, la poule. Vertuchou, qui a courageusement traversé toutes les épreuves, parviendra-t-il à vaincre la terrible poule et à récupérer les graines de salade? Tous ses amis comptent sur lui: Phil Ronchon, l'escargot, Tartine, la tortue, Roger Radis, le jardinier, J.-R., le papillon, Hector Voile et Vapeur, le marin pêcheur, et peut-être même Filou les Crocs, le renard...»

VERTUCHOU:
— Bon, abrège, je vois le poulailler là-bas...

LE NARRATEUR:
— C'est vrai, (*Il lit.*) «Vertuchou aperçoit enfin l'effroyable poulailler. Et dans ce poulailler...»

Musique Il était une fois dans l'Ouest.
La poule cow-boy sort de derrière le livre avec ses revolvers. Duel de western; Vertuchou sort un verre d'eau et le jette à la poule. La poule s'enfuit en laissant tomber les sacs.

VERTUCHOU :
— Ouah!!! La poule mouillée!!! Ha, ha, ha!

LE NARRATEUR :
— Eh bien oui, Vertuchou s'était rappelé que la poule Micheline avait horreur de l'eau. Bravo Vertuchou!

VERTUCHOU :
— Merci les amis, merci. (*Il salue.*) Je vais pouvoir récupérer les sacs de graines et la salade va repousser dans mon pays.

LE NARRATEUR :
— Bravo, Vertuchou. Bon, maintenant tu retournes dans le livre.

VERTUCHOU :
— Ça, pas question!

LE NARRATEUR :
— Comment ça, pas question?

VERTUCHOU :
— Non, non, non. Hector, viens m'aider...

LE NARRATEUR :
— Quoi, qu'est-ce qu'il y a?

VERTUCHOU :
— Tu dis trop de bêtises, tu te trompes tout le temps. Alors c'est toi qui vas aller dans le livre.

LE NARRATEUR :
— Mais, mais, mais, mais...

Vertuchou et Hector prennent le narrateur, le mettent dans le livre. Il se fige.

VERTUCHOU :
— Et voilà, l'histoire est terminée. (*Il met la musique.*)

RIDEAU

LE TAMBOUR

THÈME
Afin d'aider une princesse à retrouver sa forme humaine, un jeune homme, le Tambour, doit accomplir différentes épreuves. Il y parviendra et épousera la princesse.

NOMBRE DE PERSONNAGES : 6
Le tambour, la jeune fille, le géant, les deux hommes, la vieille femme.
3 ou 4 accessoiristes pour aménager le décor et créer l'ambiance musicale.
Une classe entière peut participer au spectacle s'il se termine par le bal donné pour le mariage du héros.

SUGGESTIONS POUR RÉALISER LE SPECTACLE
Les costumes : le tambour porte un pantalon, une chemise, des bottes, une casquette et un tambour.
La jeune fille est vêtue d'une robe ordinaire, puis d'une robe longue et d'une couronne. Elle porte un anneau à un doigt.

Le géant a une tenue sombre, un masque en carton ou en pâte à papier, cachant seulement le haut du visage afin que la voix ne soit pas étouffée (voir le dessin p. 78).
La sorcière porte une perruque noire, une longue robe de couleur foncée, des lunettes ; elle est maquillée.
Les deux hommes sont en pantalon, enfilé dans les bottes, et en chemise.

Les décors : 4 décors se succèdent. Le premier est fixe, en carton rigide. Deux accessoiristes viennent ensuite placer les décors suivants sur

le premier en les fixant avec de gros trombones.
Premier décor: une façade de maison avec quelques arbres, un jardin... Sur le devant de la scène est placé un arbre en carton.
Deuxième décor: une forêt dessinée sur du papier fort.
Troisième décor: une montagne.
Quatrième décor: au fond, un sommet de montagne avec quelques arbres.
Successivement sur le devant de la scène et selon le scénario:
— une façade de maison en carton avec une porte découpée, placée en avant et à droite de la scène;
— au centre de la scène, un vivier réalisé avec une grande boîte de carton dont une face est peinte en bleu et sur laquelle sont dessinés des poissons;
— des poissons en carton rangés par taille et par couleur, placés devant le vivier; un poisson est posé au sol;
— un tas de rondins de bois placé devant le grand décor à gauche, une branche d'arbre posée sur le sol;
— un tas de bois en flammes placé devant le décor de rondins, 5 ou 6 rondins posés à terre.

Il faut ajouter un décor de façade de château si on joue la scène du bal. Dans ce cas, enlever tous les décors du devant de scène et fixer le château sur le décor initial.

Les accessoires: une couverture, trois morceaux de toile blanche, un anneau ou une bague, un tambour (jouet d'enfant), une selle, un bâton, un dé à coudre, une hache, une branche d'arbre, des rondins de bois, un poisson en carton, une bûche, un magnétophone, une cassette.
Certains accessoires peuvent être réalisés en carton ou papier fort par les élèves.
La cassette contient l'enregistrement d'une musique choisie par les enfants.

Mise en scène: elle est indiquée pour chaque scène.

LA PRÉPARATION

Après avoir lu le texte silencieusement, les élèves résument l'histoire. Dans un deuxième temps, la lecture se fait à haute voix en suivant les dialogues et avec différents lecteurs.
Les élèves recherchent ensuite les différents traits physiques et moraux des personnages. Ils les imitent: attitude, voix, langage.
Chacun copie le texte du rôle qu'il a choisi et l'apprend.
Les rôles sont ensuite distribués pour le spectacle final.
Au début de l'histoire, le rôle de la jeune fille peut être lu puisque le personnage est caché derrière le décor.
Dans cette pièce, les réalisations plastiques sont importantes (décors, accessoires), ce qui peut motiver toute une classe, les uns étant acteurs, les autres créateurs de décors.
Décors et accessoires sont réalisés après recherche de matériaux, de forme de composition, de couleurs.
La musique est également choisie par des élèves de la classe et enregistrée sur cassette.

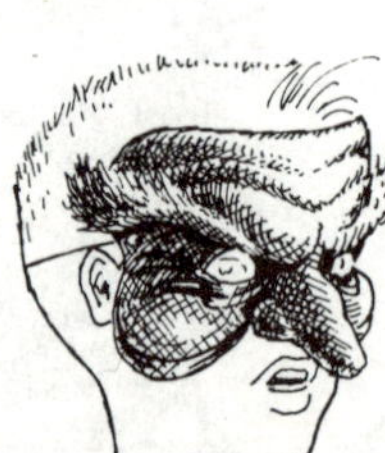

LE TAMBOUR

PAR DENISE CHAUVEL
D'APRÈS UN CONTE DE GRIMM

PERSONNAGES
Le Tambour, la jeune fille,
la vieille femme, le géant, deux hommes.

SCÈNE I
LA COUR D'UNE MAISON

Le tambour couché sur une couverture a dans les mains 3 bouts de toile blanche, lentement il s'assied.

LE TAMBOUR:

— Quelle toile fine! quelle bonne idée d'avoir ramassé ces 3 bouts de toile blanche en me promenant au bord du lac, ils sont si agréables à toucher... (*Bâillement... Il les met dans sa poche.*) Je suis bien fatigué. (*Il s'endort.*)

LA VOIX D'UNE JEUNE FILLE:

— Tambour, tambour, éveille-toi.

LE TAMBOUR:

— Que veux-tu?

LA VOIX:

— Rends-moi ma petite chemise, celle que tu m'as prise hier soir au bord du lac.

LE TAMBOUR:

— Tu l'auras si tu me dis qui tu es.

LA VOIX:

— Ah! je suis la fille d'un roi puissant mais je suis tombée sous le pouvoir d'une sorcière qui me tient captive sur le Mont de Cristal. Tous les jours je dois me baigner dans le lac avec mes deux sœurs mais, sans ma chemisette, je ne peux reprendre mon vol. Mes sœurs sont reparties mais moi j'ai dû rester en arrière. Je t'en prie, rends-moi ma chemisette.

LE TAMBOUR:

— Rassure-toi pauvre enfant, je vais te la rendre bien volontiers. (*Il la cherche dans sa poche, la tend à la voix qui la prend.*) Attends un instant, peut-être puis-je te venir en aide?

LA VOIX:

— Tu ne pourrais m'aider qu'en montant sur le Mont de Cristal pour me délivrer de l'emprise de la sorcière. Mais tu n'iras pas jusqu'au Mont de Cristal, et même si tu en étais tout près, tu n'en ferais pas l'escalade.

LE TAMBOUR:

— Ce que je veux, je le peux. J'ai pitié de toi et je ne crains rien mais je ne connais pas le chemin qui mène au Mont de Cristal.

LA VOIX:

— Le chemin passe par la grande forêt où vivent les géants. Je n'ai pas le droit de t'en dire plus. (*La voix s'éloigne, froissement d'ailes.*)

LE TAMBOUR:

— Elle est partie. Demain je me mettrai en route pour le Mont de Cristal. (*Il sort de scène et passe derrière le décor. Musique.*)

SCÈNE II
LA FORÊT

Le géant entre en scène et s'allonge à terre puis le tambour entre en scène.

LE TAMBOUR:

— Me voici dans la forêt. Je me suis levé tôt ce matin. Il me faut réveiller les géants, ces grands dormeurs. (*Il joue du tambour.*)

LE GÉANT, *se levant*:

— Gringalet, qu'est-ce qu'il te prend de battre le tambour par ici et de me réveiller au plus profond de mon sommeil?

LE TAMBOUR:

— Je bats du tambour parce qu'ils sont des milliers derrière moi à qui je dois indiquer le chemin.

LE GÉANT:

— Que viennent-ils faire dans la forêt?

LE TAMBOUR:

— Ils veulent te régler ton compte et débarrasser la forêt du monstre que tu es.

LE GÉANT:

— Oh! Oh! je vous écraserai comme des fourmis.

LE TAMBOUR:

— Parce que tu crois faire quelque chose contre eux? Quand tu te baisseras pour en attraper un, il t'échappera d'un bond et se cachera, et dès que tu te coucheras pour dormir, ils sortiront de tous les buissons et grimperont sur toi. Ils ont tous un marteau d'acier à la ceinture, avec ça ils te briseront le crâne.

LE GÉANT, *à lui-même, tout bas*:

— Si j'ai affaire à ce peuple rusé, cela pourrait bien tourner mal pour moi. Les loups et les ours, je les serre à la gorge, mais je ne peux me protéger de ces vers de terre. (*Il s'adresse au tambour.*) Ecoute petit drôle, tu te retires et je te promets qu'à l'avenir je vous laisserai en paix, toi et tes compagnons. Si tu souhaites encore quelque chose, dis-le, je le ferai volontiers pour te rendre service.

LE TAMBOUR:

— Tu as de grandes jambes et tu peux courir plus vite que moi; porte-moi jusqu'au Mont de Cristal et je donne aux miens le signal de la retraite; cette fois-ci, ils te laisseront tranquille.

LE GÉANT:

— Viens ici, vermisseau, monte sur mon dos et je te porterai où tu voudras. (*Le tambour monte sur le dos du géant et bat du tambour. Le géant, à lui-même, tout bas.*) Ce sera le signal qu'il devait donner aux autres pour la retraite. (*Avec le tambour sur le dos, il passe derrière le décor.*)

SCÈNE III
VUE DE LA MONTAGNE

Le géant entre en scène, dépose le Tambour à terre, sort de scène.

LE TAMBOUR:

— C'est sûrement le Mont de Cristal. Que ne suis-je un oiseau? (*Le tambour s'assied, la tête entre les mains. Musique. La musique s'arrête. Deux hommes entrent en se battant pour une selle. Le tambour se lève et s'avance vers eux.*)
Quels fous vous faites! Vous vous querellez pour une selle et vous n'avez pas de cheval.

UN HOMME:

— La selle en vaut la peine. Qui s'y assied et souhaite aller quelque part, serait-ce au bout du monde, s'y retrouve à l'instant même où il prononce ce souhait. Cette selle nous appartient en commun et c'est mon tour de la chevaucher, mais il ne veut pas l'admettre.

LE TAMBOUR:

— J'aurai tôt fait de régler cette dispute. (*Il ramasse un bâton et le plante loin des 2 hommes.*) Maintenant courez vers le but, le premier arrivé montera la selle le premier. (*Les deux hommes courent vers le bâton, le Tambour monte sur la selle.*) Selle emporte-moi sur le Mont de Cristal.
Le Tambour sort de scène poursuivi par les 2 hommes.

SCÈNE IV
LA MAISON DE LA SORCIÈRE

Le Tambour entre en scène sur sa selle qu'il pose à terre.

LE TAMBOUR:

— Me voilà en haut du Mont de Cristal. C'est là que je dois trouver la princesse. Tiens, une maison pour me reposer!
Il frappe à la porte. Une vieille femme sort.

LA VIEILLE FEMME:

— Que veux-tu?

LE TAMBOUR:

— L'accueil, le couvert et le gîte.

LA VIEILLE FEMME:

— Tu auras cela si tu veux, en échange, accomplir trois tâches.

LE TAMBOUR:

— Pourquoi pas? Le travail ne me fait pas peur, si dur qu'il soit. (*La vieille le fait entrer, musique, obscurité si possible. La lumière revient, le tambour sort de la maison.*) J'ai bien dormi.

LA VIEILLE FEMME, *sortant de la maison avec un dé à son doigt*:

— Maintenant au travail, va dehors me vider l'eau du vivier avec ce dé. Tous les poissons doivent être triés et rangés selon leur taille et leur espèce. (*Elle donne le dé au tambour.*)

LE TAMBOUR:

— Voilà un curieux travail. (*Il se rend vers le vivier, commence à puiser.*) C'est parfaitement inutile, que je travaille ou pas revient au même.
Il s'arrête et s'assied à terre. Une jeune fille entre.

LA JEUNE FILLE:

— Te voilà bien triste, qu'est-ce qui ne va pas?

LE TAMBOUR:

— Ah! Je ne peux venir à bout de cette première tâche, qu'est-ce que cela sera avec les autres? Je suis parti à la recherche d'une princesse qui doit habiter ici mais je ne l'ai pas trouvée, je vais donc continuer ma route.

LA JEUNE FILLE:

— Reste ici, je vais te tirer d'embarras. Tu es fatigué, pose ta tête sur mes genoux et dors. Quand tu te réveilleras le travail sera fait. (*La jeune fille s'assoit sur un tronc d'arbre, le Tambour pose la tête sur ses genoux.*

Elle tourne un anneau magique autour de son doigt.) Que l'eau monte, que les poissons sortent. (*L'accessoiriste relève le décor «poissons» posé au sol. Le tambour se réveille.*)

LE TAMBOUR:

— J'ai dormi et tout le travail est fait!

LA JEUNE FILLE:

— Parmi ces poissons il y en a un qui n'est pas avec ceux de son espèce, mais tout à fait à part. Quand la vieille viendra et verra que tout ce qu'elle a exigé est fait, elle demandera: «Que fait ce poisson tout seul?» Alors tu lui jetteras le poisson au visage en disant: «Oui c'est pour toi, vieille sorcière.»
La jeune fille s'en va, la vieille arrive.

LA VIEILLE FEMME:

— Que fait ce poisson tout seul?

LE TAMBOUR:

— Celui-ci est pour toi, vieille sorcière! (*Le tambour lui jette le poisson au visage.*)

LA VIEILLE FEMME, *impassible*:

— Tu l'as eue trop belle, il me faut te donner un travail plus difficile. Tu devras abattre toute la forêt, fendre le bois en bûches que tu corderas. Voici une hache. (*Elle donne une hache très lourde au tambour et s'en va, le tambour a du mal à tenir la hache.*)

LE TAMBOUR:

— Elle est beaucoup trop lourde, je ne pourrai pas couper les arbres.
Il s'assied la tête entre les mains. La jeune fille arrive.

LA JEUNE FILLE:

— Pose ta tête sur mes genoux et dors. Quand tu te réveilleras le travail sera fait.
Elle s'assied sur le tronc d'arbre, le tambour pose la tête sur ses genoux, elle fait tourner son anneau magique. L'accessoiriste installe le décor du tas de rondins. Le tambour se lève.

LE TAMBOUR:

— J'ai dormi et tout le travail est fait.

LA JEUNE FILLE:

— Tu vois, le bois est coupé et rangé, il ne reste qu'une seule branche, quand la vieille viendra et te demandera ce qu'il en est de cette branche, tu lui en donneras un coup en disant: «Celle-ci est pour toi, vieille sorcière.» (*La jeune fille s'en va, la vieille arrive.*)

LA VIEILLE FEMME:

— Tu vois comme le travail était facile, mais pour qui est cette branche encore là?

LE TAMBOUR:

— Pour toi, vieille sorcière! (*Le tambour lui donne un coup, la vieille ricane.*)

LA VIEILLE FEMME:

— Maintenant tu mets ce bois en tas, tu l'allumes et tu le fais brûler.
La vieille sort, le tambour essaie de mettre des rondins en tas.

LE TAMBOUR:

— Comment un seul homme pourrait-il mettre en tas toute une forêt?
Le tambour s'assied, la tête entre les mains, la jeune fille entre.

LA JEUNE FILLE:

— Pose ta tête sur mes genoux et dors. Quand tu t'éveilleras, le travail sera fait. (*Elle s'assied sur un tronc, le tambour pose la tête sur ses genoux. Elle fait tourner son anneau magique, l'accessoiriste installe le décor «feu». Le tambour se lève.*)

LE TAMBOUR:

— J'ai bien dormi et tout le travail est fait.

LA JEUNE FILLE:

— Ecoute-moi, quand la sorcière viendra, elle te chargera de toutes sortes de besognes: fais sans crainte ce qu'elle demandera, ainsi elle n'aura pas de prise sur toi; mais si tu as peur, le feu te prendra et te dévorera. Enfin, lorsque tu auras tout fait, empoigne-la à deux mains et jette-la au cœur du brasier.
La jeune fille s'en va. La vieille revient à pas de loup.

LA VIEILLE FEMME:

— Hou! Que j'ai froid! Mais voilà un feu qui flambe, il réchauffe mes vieux os et ça me fait du bien. (*Au Tambour.*) Mais il y a là-bas une bûche qui ne veut pas brûler, va me la cherher. Quand tu m'auras fait cela, tu seras libre et tu pourras t'en aller où bon te semble. Allons, entre gaillardement dedans. (*Le tambour saute devant le feu, prend la bûche, la lance derrière le décor d'où sort la jeune fille habillée en princesse.*) Tu t'imagines que tu vas l'avoir, mais tu ne l'as pas encore! (*La vieille va vers la princesse, le tambour attrape la sorcière et la jette derrière le feu, elle disparaît en poussant de grands cris. La jeune fille s'approche du tambour.*)

LA JEUNE FILLE:

— Tu as tout osé pour moi et je veux aussi tout faire pour toi. Si tu me jures fidélité tu deviendras mon époux. Je t'emmènerai au château de mon père. Quittons le Mont de Cristal.

LE TAMBOUR:

— Je veux devenir ton époux et je te jure fidélité. (*Il embrasse la princesse.*) Assieds-toi sur ma selle, nous allons ainsi descendre en volant comme des oiseaux.
Ils montent sur la selle et s'en vont. Musique.

RIDEAU

On peut ajouter un acte, si on veut faire participer plus d'enfants, avec un bal pour le mariage du Tambour et de la princesse.

LE TAPIS MAGIQUE

THÈME
Deux enfants accompagnés d'un ours en peluche et d'une poupée s'envolent sur un tapis magique. Ils délivrent les habitants de la forêt de Brocéliande du pouvoir maléfique de cinq horribles sorcières. Mais les adultes sont toujours incrédules...

NOMBRE DE PERSONNAGES : 20 et plus
Mathilde, 6 ans; Jean-Yves son frère, 8 ans; Michelle, une poupée; Tiburce, un ours en peluche; le tapis magique (personnage invisible avec une grosse voix); les arbres de Brocéliande (au moins quatre, dont un bouleau; plus si on veut); les 5 sorcières: Malefica, Sinistrosa, Ordongula, Griffeserra, Zorgavena; les animaux (lapin, cerf, renard, écureuil...); la marmite magique; la maman de Mathilde et Jean-Yves; fées et gnomes, éventuellement.

Les accessoiristes: 2 pour tirer la planche à roulettes (le tapis), un pour l'éclairage, un pour le son, 2 pour déplacer le décor du fond.

SUGGESTIONS POUR RÉALISER LE SPECTACLE

Les costumes: les deux enfants sont en pyjama et (ou) en chemise de nuit, la poupée est habillée comme un jouet, l'ours a un collant, un pull ou une chemise de la même couleur qu'un ours en peluche, deux oreilles rondes, un masque ne couvrant pas la bouche.
Les arbres sont vêtus de collants et de pulls de la couleur de leur écorce. Des feuilles vertes sont cousues sur les manches, le col et piquées dans les cheveux.
Les sorcières ont des vêtements sombres, déchirés, des traces noires sur le visage. Elles ont des bonnets de couleur foncée. Certaines portent un balai.
Les animaux portent des collants, des pulls de la couleur de leur pelage avec chacun une caractéristique particulière: la queue pour le renard, l'écureuil, le lapin; les oreilles pour le lapin; les cornes pour le cerf.
La maman est habillée en tenue de ville.
Les accessoiristes sont vêtus de couleur sombre.

Les décors: prévoir des éléments simples et qu'on pourra changer rapidement: grandes feuilles peintes sur du papier fort que tiendront deux accessoiristes.
On peut monter le tapis sur une grande planche équipée de roulettes, reliée à une corde, tirée par les accessoiristes en coulisse.
Il est tout à fait possible de jouer cette saynète avec des marionnettes ce qui facilitera grandement les problèmes de mise en scène (ne pas hésiter à introduire des indications «scéniques» parlées.)
Le décor des 2 premières scènes est celui d'une chambre d'enfant. Au fond, on peut dessiner une porte, une fenêtre, des bibelots. Il y a un tapis de couleur vive, en tissu léger, au centre.
Le décor des scènes III et IV représente un ciel avec des nuages.
La scène V et les suivantes se passent dans la forêt: décor forestier et arbres vivants. Quelques arbres supplémentaires (en carton ou faits avec des branches d'arbres) peuvent être ajoutés.
Le décor des scènes X et XI représente une grotte: fond de couleur pierre, toiles d'araignées.
La scène XII est représentée par un ciel bleu et un soleil.
La scène XIII retrouve la forêt.
L'avant-dernière scène se passe de nouveau dans la chambre d'enfant.
On retrouve dans la dernière scène le décor des scènes III et IV.
Il y a donc 8 changements de décor et 5 décors seront à réaliser.

Les accessoires: un coffre à jouets, des jeux, des livres, une poupée, un ours, un tapis, des éclairages (lumière blanche, lumière rouge), une grosse marmite, un magnétophone, une petite marmite.

La mise en scène: elle est indiquée avec le texte de la pièce. Pour déplacer le tapis, les accessoiristes le tirent, placé sur la planche à roulettes. Prévoir une cassette avec une musique de flûte (scène VII), une musique guillerette (scène IX), une musique de danse (scène XIII).

LA PRÉPARATION

Pour réaliser cette pièce il conviendra de travailler plus particulièrement les déplacements du tapis magique, ceux des sorcières dans la scène IX (trébucher, se cogner, s'accrocher), la danse si on l'inclut dans le spectacle.
Les acteurs devront répéter les paroles magiques, imiter la petite voix du bouleau, les ricanements des sorcières, la formule magique dite par les sorcières, le texte des sorcières dans la scène XII, apprendre à réciter ensemble.
Tous les jeux de lumière sont à étudier et en particulier ceux de la scène XII.

LE TAPIS MAGIQUE

PAR JEAN-PAUL ROUSSEAU

PERSONNAGES
Mathilde, Jean-Yves,
Michelle, Tiburce, le tapis,
le chêne, le bouleau, le hêtre,
Maléfica, Ordongula, Griffeserra, Zorgavena, Sinistrosa,
le renard, le lapin, le cerf,
la marmite, la mère.

SCÈNE 1

La chambre des enfants. Jean-Yves est absorbé dans un livre. Mathilde s'occupe vaguement; au bout d'un instant elle se lève et va vers son frère.

MATHILDE:

— Jean-Yves... Pourquoi tu veux pas jouer avec moi?

JEAN-YVES:

— T'es trop petite.

MATHILDE:

— C'est pas vrai, j'suis presque aussi grande que toi.

JEAN-YVES, *vaincu il referme son livre*:

— Bon on va jouer. Mais pas à un de tes jeux de bébé. On va jouer au tapis volant...

MATHILDE:

— Qu'est-ce que c'est qu'un tapis volant?

JEAN-YVES:

— Ben un tapis qui vole.

MATHILDE:

— Mais comment ça peut voler un tapis? Ça n'a ni aile ni moteur.

JEAN-YVES:

— C'est parce que c'est magique. Je viens de lire une histoire où on raconte comment il faut faire: tu t'assois sur le tapis et tu dis la bonne formule et hop, le tapis démarre et il t'emmène où tu veux.

MATHILDE:

— Ouais, c'est chouette.

JEAN-YVES:

— Si tu veux, on va jouer avec le tapis de la chambre.

MATHILDE:

— D'accord. Je peux emmener ma poupée Michelle?

JEAN-YVES:

— Bien sûr. Moi je vais prendre mon ours Tiburce. Il adore voyager en tapis volant.

SCÈNE II

Les mêmes, tenant, l'une une poupée, l'autre un ours. Ils sont assis sur le tapis.

JEAN-YVES:

— T'es prête?.

MATHILDE:

— Oui, vas-y!

JEAN-YVES:

— Bon attention. Cramponne-toi. Attention aux paroles magiques: Barabi barabo totobarabi barabo.

MATHILDE:

— C'est pas d'la magie ça, c'est une chanson; on l'a apprise à l'école. D'ailleurs le tapis bouge même pas.

JEAN-YVES:

— Mais puisqu'on a dit qu'on faisait comme s'il volait. Tu comprends vraiment rien.

MATHILDE:

— Si je comprends, et même tu vas voir. Moi aussi j'en sais des paroles magiques: Blableblobliblutapitapovolevitevolehaut...

A peine Mathilde a-t-elle achevé de parler que le tapis s'envole. Transportant les deux enfants, Tiburce l'ours en peluche et la poupée Michelle il se retrouve en plein ciel.

Prévoir un changement de décor rapide avec un temps d'obscurité pendant lequel la poupée et l'ours seront remplacés par des acteurs.

SCÈNE III

JEAN-YVES:

— Qu'est-ce que t'as fait? Qu'est-ce qui nous arrive?

MATHILDE:

— J'sais pas. J'ai peur. J'voudrais revenir à la maison.

LE TAPIS:

— Pas question! Depuis le temps que je rêvais de faire un petit voyage, je ne vais pas m'en priver.

MATHILDE, *de plus en plus effrayée*:

— Houlàlà! Jean-Yves! Qui c'est qui cause?

LE TAPIS:

— D'abord on ne dit pas «qui c'est qui cause» mais «qui est-ce qui parle». Ensuite la réponse est facile: c'est moi le tapis magique. Il y a des siècles, depuis qu'un brigand m'a volé dans le palais du calife de Bagdad que je n'ai pas pu m'envoler. Celui qui m'avait dérobé ignorait mes pouvoirs et tous ceux qui m'ont possédé après lui ne s'en doutaient pas non plus. Heureusement vous avez eu la bonne idée de venir jouer sur moi et j'ai pu enfin retrouver le chemin du ciel. Alors vous comprenez, après avoir servi de paillasson aussi longtemps à des gens aux chaussures plus ou moins propres, j'ai envie de respirer un peu d'air frais.

MATHILDE:

— Méchant tapis, ramène-nous à la maison, ou tu vas voir...

LE TAPIS:

— Des menaces maintenant. Si vous le prenez sur ce ton je pourrais me fâcher et il vous en cuira...

SCÈNE IV

MICHELLE:

— Voilà, tu l'as vexé, tu es bien avancée maintenant.

MATHILDE:

— Comment, tu parles toi aussi?

MICHELLE:

— Evidemment. Tu ne savais pas qu'une fois qu'ils sont sur un tapis magique, les jouets deviennent vivants?

MATHILDE:

— Non.

TIBURCE:

— Eh bien tu le sais maintenant. Dis-donc, Michelle, c'est agréable de pouvoir discuter et bouger comme on veut.

MICHELLE:

— Ça je suis bien d'accord.

TIBURCE:

— Et puis on voit du pays. Ce tapis est vraiment super.

LE TAPIS:

— Merci. Ça fait plaisir de trouver des gens qui apprécient vos mérites.

MATHILDE:

— Oui mais moi, je voudrais revenir chez ma maman.

JEAN-YVES:

— T'en fais pas Mathilde, je suis avec toi. Et puis il y a Michelle et Tiburce; ils vont nous aider.

MICHELLE ET TIBURCE:

— Bien sûr.

TIBURCE:

— On ne va pas vous abandonner. Mais pourquoi ne pas profiter un petit peu de notre chance?

MICHELLE:

— Ecoute-moi, Mathilde. Les poupées connaissent des choses que les petites filles ignorent. Ainsi moi, je sais tout ce qu'il faut faire pour diriger les tapis volants. Alors quand on voudra revenir à la maison, il n'y aura pas de problèmes. Mais pour le moment, profitons-en.

MATHILDE:

— Je veux bien. Mais tu me tiens la main... Où on va aller?

JEAN-YVES:

— Si on allait chez les Indiens?

TIBURCE:

— Oui, ça c'est bien! Il y a des ours là-bas; ça me fera plaisir de rencontrer un peu la famille.

MICHELLE:

— Dis-donc, Mathilde, toi aussi tu as envie d'aller voir les Indiens?

MATHILDE:

— Pas très.

MICHELLE:

— Moi non plus. Si on essayait plutôt d'aller à Brocéliande.

JEAN-YVES:

— Brocé quoi?

MICHELLE:

— Brocéliande. C'est le pays des fées et des enchanteurs et j'ai là-bas quelques amis que j'aimerais bien retrouver.

JEAN-YVES:

— Mais dis-donc, Michelle, comment connais-tu Brocéliande?

MICHELLE:

— C'est parce que je suis moi même une fée et, comme beaucoup de mes amies, j'ai choisi de devenir la poupée d'une petite fille pendant quelques années. Les petites filles ont toujours besoin d'avoir une poupée-fée à côté d'elles.

JEAN-YVES:

— Pourquoi?

MICHELLE:

— Pour faire de beaux rêves la nuit.

MATHILDE:

— Et les garçons?

MICHELLE:

— Ils ont leur ours.

JEAN-YVES:

— T'es une fée, Tiburce?

TIBURCE:

— Non. Moi je suis un gnome.

JEAN-YVES:

— Un gnome?

TIBURCE:

— Un nain si tu préfères. Avec des pouvoirs un peu comme les fées.

LE TAPIS:

— C'est bientôt fini cette discussion? J'aimerais bien savoir où je dois vous emmener.

MICHELLE:

— A Brocéliande.

TOUS LES AUTRES:

— A Brocéliande.

SCÈNE V

La scène est fort peu éclairée. On distingue plusieurs arbres. Le tapis magique et ses passagers pénètrent par la gauche.

MATHILDE:

— Dis-donc, Michelle, c'est triste Brocéliande.

MICHELLE:

— Oui. Je n'y comprends rien. D'habitude il y fait toujours beau. Mais là, on a l'impression d'être dans une prison...

LES ARBRES:

— Hum-hum-hum (*Grondements sourds et plaintifs.*)

TIBURCE:

— Ecoutez, on dirait qu'ils veulent nous dire quelque chose!

LES ARBRES:

— Huu-hum-hum.

MICHELLE:

— Tapis, approche-toi un peu plus près. Je vais les interroger. Dites-donc vous, qu'est-il arrivé à Brocéliande?

LES ARBRES:

— Hum-hum-hum.

MICHELLE:

— Je vous ai connu plus bavards.

UN ARBRE:

— C'était avant...

MICHELLE:

— Avant quoi?

AUTRE ARBRE:
— Avant...

TIBURCE:
— Laisse-les, Michelle, tu vois bien qu'ils ne veulent rien dire.

LES ARBRES:
— Hum-hum-hum...

LE TAPIS:
— Si c'est ça Brocéliande, moi je vous propose de repartir. On ira à Cipango; vous verrez, c'est beaucoup plus gai.

MICHELLE:
— Non. Je veux savoir ce qui se passe. (*Elle descend du tapis et s'approche d'un arbre.*) Alors monsieur le Chêne vous ne voulez rien me dire?

LE CHÊNE:
— Hum-hum-hum.

MICHELLE, (*même jeu vers un autre arbre*):
— Et vous monsieur le Hêtre?

LE HÊTRE:
— Hum-hum-hum.

MICHELLE, (*même jeu*):
— Et vous monsieur le Sapin?

LE SAPIN:
— Hum-hum-hum.

MICHELLE:
— C'est décourageant. Impossible de savoir ce qui se passe...

UN BOULEAU (*petite voix*):
— Michelle! Michelle! Viens par ici.

MICHELLE:
— Qui m'appelle?

LE BOULEAU:
— C'est moi, le bouleau. Tu sais, il ne faut pas nous en vouloir. Depuis que le malheur est arrivé, rien n'est plus pareil à Brocéliande.

MICHELLE:
— Comment ça, Quel malheur?

LE BOULEAU:
— C'est que... si nous en parlons, il risque de nous arriver les pires catastrophes...

MICHELLE:
— Comment ça? Je ne te comprends pas.

LE BOULEAU:
— Oh et puis tant pis. Ce n'est plus une vie après tout. Il faut que tu saches. Un jour cinq horribles sorcières sont arrivées à Brocéliande. Elles ont profité de la fête de l'Eté, quand tous les gnomes et les fées

sont réunis dans la grande clairière. Je ne sais pas comment elles s'y sont prises, mais elles ont jeté un sort terrible et tout le monde a été transformé en pierre. Après quoi elles nous ont averti, nous les arbres et les animaux, qu'elles avaient l'intention de s'installer ici pour y fabriquer leurs potions maléfiques.

TIBURCE:

— C'est incroyable!

LE BOULEAU:

— C'est pourtant vrai. Et ce n'est pas tout.

MICHELLE:

— Comment ce n'est pas tout?

LE BOULEAU:

— Non. Elles ont ajouté qu'elles savaient très bien que certaines fées et certains gnomes n'étaient pas là. Mais que dès qu'ils reviendraient dans Brocéliande, elles les changeraient eux aussi en pierres. Puis elles ont déclaré que si l'un d'entre nous, bête ou plante, nous vous prévenions, nous serions affreusement punis. Voilà pourquoi mes frères ne vous ont rien dit. Mais, moi, je n'en peux plus et j'ai mieux aimé tout risquer que de continuer comme cela.

MICHELLE:

— Soit tranquille, bouleau. Je suis ici avec des amis courageux et malins. Nous allons vous débarrasser de ces sorcières. Vous êtes d'accord, vous autres?

LE TAPIS, JEAN-YVES ET MATHILDE:

— Oui, Michelle.

LE CHÊNE:

— Le bouleau a eu raison de vous prévenir. Ces sorcières ont fait assez de mal. Depuis qu'elles sont ici, le soleil ne brille plus sur Brocéliande. Comptez sur moi aussi...

LES AUTRES ARBRES:

— Et sur nous...

On entend du bruit en coulisse.

LE BOULEAU:

— J'entends du bruit. C'est sûrement les sorcières. Si elles vous voient les premières, vous n'aurez aucune chance. Cachez-vous vite.

MICHELLE:

— D'accord, gentil bouleau. Merci de ton aide.

Michelle remonte sur le tapis qui disparaît en coulisse. Arrivent les 5 sorcières. Elles sont horribles et vêtues d'affreux oripeaux.

SCÈNE VI

MALÉFICA:

— Hum, ça sent une drôle d'odeur par ici. (*Ricanement.*)

ORDONGULA (*ricanement*):

— Une odeur drôlette de petite fée et de gros gnome bien grassouillet.

GRIFFESERRA:

— Justement, j'ai besoin de cailloux pour décorer mon aquarium à vipères. Ces petites bêtes adorent s'enrouler autour de pierres bien lisses. Une fée et un gnome supplémentaires leur feront plaisir...

ZORGAVENA:

— D'accord, ma sœur. D'accord. Mais cette odeur ne me dit rien qui vaille. On sent autre chose que la fée et le gnome. On sent (*Ricanement.*) le petit garçon et la petite fille.

MALÉFICA:

— Tu as raison Zorgavena. Il y a encore autre chose. Un parfum de poivre, de cannelle, de sucre et aussi de laine précieuse. Beurk, c'est répugnant. Moi qui n'aime que l'odeur des égouts et des tas d'ordures.

SINISTROSA, *se tournant vers les arbres*:

— Allons, vous autres, dites-nous ce que vous avez vu et dépêchez-vous si vous ne voulez pas finir découpés en planchettes. Toi le chêne, tu n'as rien vu?

LE CHÊNE:

— Vous savez, j'ai la vue très basse et je ne remarque rien.

SINISTROSA:

— Et vous, le hêtre et le sapin?

LES ARBRES:

— On faisait la sieste.

ORDONGULA:

— Et ce faux jeton de bouleau, lui non plus il n'a rien vu, je parie.

LE BOULEAU:

— Non, rien.

ORDONGULA:

— Je suis sûre que tu mens. Attends un peu, je vais m'occuper de toi...

GRIFFESERRA:

— Allons mes sœurs, laissons-les. Puisqu'ils ne veulent rien dire nous allons interroger notre marmite magique. Vous savez qu'elle nous a toujours bien renseignées. Dépêchons-nous. Notre caverne est encore loin.

Sortie des sorcières. Le tapis volant et ses passagers réapparaissent par le côté opposé à leur sortie.

SCÈNE VII

TIBURCE:

— Qu'est-ce que c'est que cette histoire de marmite?

JEAN-YVES:

— Ça doit être un truc dans le genre du miroir de la reine de Blanche-Neige. C'est très dangereux. Elles vont être au courant de tous nos plans. Moi je pense qu'on devrait partir de là, et vite.

MATHILDE:

— T'as pas honte! On ne peut pas laisser ces affreuses bonnes femmes continuer comme ça. Quand je pense qu'elles veulent transformer les arbres en planchettes!

MICHELLE:

— Bravo Mathilde. Allons Jean-Yves, tu vas finir par nous faire croire que tu as peur.

JEAN-YVES:

— Peur moi? Pas du tout. Je pense simplement que Mathilde est petite et que cette aventure est trop dangereuse pour elle. Parce que moi, les sorcières, je m'en moque complètement et si je ne m'étais pas retenu tout à l'heure, j'aurais sauté dessus et je leur aurais cassé la tête.

MICHELLE:

— Eh bien, puisque tout le monde est d'accord, il ne nous reste plus qu'à venir à bout de ces mégères. Et d'abord il faudrait arriver dans leur repaire avant elles et disposer d'un peu de temps pour préparer un petit piège auquel je pense.

LE TAPIS:

— Facile, je vous y emmène en deux minutes.

MICHELLE:

— Oui, mais elles arriveront assez vite... Comment les retarder?

TIBURCE:

— J'ai une idée. J'espère que ça marchera.

Il se lève et fait mine de siffler. Son de flûte: des animaux divers apparaissent et se groupent autour du tapis.

SCÈNE VIII

TIBURCE:

— Merci les amis d'avoir répondu à mon appel.

LE RENARD:

— Pourquoi nous as-tu fait venir?

TIBURCE:

— Grâce au bouleau nous savons que d'affreuses sorcières règnent maintenant sur Brocéliande. Nous avons décidé de vous en débarrasser et nous avons besoin de votre aide.

LE LAPIN:

— Ce ne sera pas facile. Elles sont très puissantes et très rusées.

LE CERF:

— C'est vrai, et jusqu'ici personne n'a eu le courage de les affronter. Moi j'en ai assez. Ne plus pouvoir gambader dans les bois quand on en a envie, ne plus sentir les rayons du soleil ni la caresse du vent, ce n'est plus une vie. Je marche avec vous.

L'ÉCUREUIL:

— Moi aussi.

TIBURCE:

— Bien; puisque vous êtes tous d'accord, voilà ce que nous vous demandons: retarder le plus possible les sorcières sur le chemin de leur caverne. Nous nous occupons du reste.

LES ANIMAUX:

— Compris, on y va.

LE BOULEAU:

— Nous, nous ne pouvons pas bouger, mais nous avertissons tous nos frères de la forêt. Eux aussi ils retarderont les sorcières tant qu'ils pourront.
Obscurité.

SCÈNE IX

Les sorcières marchent dans la forêt. Elles progressent difficilement. Les arbres accrochent leurs vêtements. Les animaux les font trébucher. Elles se cognent les unes contre les autres. Jeux de scène muets accompagnés d'une musique guillerette.

SCÈNE X

Dans le repaire des sorcières. Le tapis est étendu dans un coin. Les quatre autres cherchent.

TIBURCE:

— Rien à faire. Je ne trouve pas cette maudite marmite.

MICHELLE:

— Il nous la faut pourtant si je veux réaliser mon plan!

JEAN-YVES:

— Je vous l'avais bien dit. On n'en sortira pas. On cherche depuis deux heures et on n'a rien trouvé. Elles vont finir par arriver et on sera transformé en pierre...

MATHILDE:

— Michelle! J'crois qu'ça y est. Viens voir là, dans ce coin.

MICHELLE:

— Bravo Mathilde! Voyons maintenant si ce que je pense est vrai. (*Elle frappe sur le couvercle de la marmite une petite séquence rythmée.*)

LA MARMITE:

— Tiens une fée. Comment se fait-il? Je croyais que vous aviez toutes été changées en pierre.

MICHELLE:

— Eh bien non! comme tu vois. Mais, dis-moi, es-tu heureuse d'être au service des sorcières?

LA MARMITE:

— Ah ne m'en parlez pas! J'ai été créée par l'enchanteur Merlin pour fabriquer des philtres d'amour, de beauté et d'intelligence et je n'avais à mijoter que de bonnes choses... de la verveine du Velay, de la poudre de bellelurette, le tout infusé dans de l'eau de la fontaine d'Avallon... Hélas, un jour, Merlin est parti se promener en oubliant de fermer sa porte à clé. Les sorcières en ont profité et se sont emparées de moi. Depuis, je suis à leur service et, croyez-moi, c'est abominable.

TIBURCE:

— C'est si difficile que ça?

LA MARMITE:

— Vous n'en avez pas idée. D'abord elles se servent de moi pour cuisiner d'abominables mixtures, toutes plus atroces les unes que les autres. Si je vous disais que moi qui, chez Merlin, ne supportait pas un pétale de rose cueilli depuis plus de deux heures, je suis obligée de faire cuire des vieux chiffons pourris mélangés à de la bave de crapaud et à du venin de vipère... Et le plus affreux c'est que, bien malgré moi, je suis contrainte de les aider à faire le mal en répondant à leurs questions.

MICHELLE:

— Comment est-ce possible?

LA MARMITE:

— Merlin m'a fabriquée de telle sorte que je dois toujours dire la vérité. Aussi, quand ces abominables sorcières me demandent un renseignement, je ne peux pas faire autrement que de le leur donner.

MICHELLE:

— Peux-tu me dire où elles sont en ce moment?

LA MARMITE:

— Elles ont fini de se dépêtrer des embûches que leur ont tendu les arbres et les animaux. Elles seront là dans moins d'un quart d'heure.

MICHELLE:

— C'est plus de temps qu'il ne nous en faut. J'ai bien connu Merlin et il m'a appris un tour pour rendre muettes les marmites magiques.

LA MARMITE:

— Eh, ça ne va pas! Je tiens à pouvoir parler si j'en ai envie.

MICHELLE:

— Rassure-toi, marmite. Tu ne seras muette qu'une heure. Pendant ce temps, Tiburce, qui a des dons d'imitateur, te remplacera. Ainsi tu ne seras pas obligée de mentir et nous pourrons prendre les sorcières au piège.

LA MARMITE:

— Dans ce cas je suis d'accord.

MICHELLE:

— Dépêchons-nous de tout mettre en place. (*Obscurité.*)

SCÈNE XI

Les sorcières arrivent dans leur repaire. Elles sont en piteux état. Bonnets de guingois, habits déchirés, yeux pochés; égratignures... Au milieu de la pièce, bien en évidence, le tapis magique.

MALÉFICA:

— Ah! Il était temps que nous arrivions. Je suis moulue.

GRIFFESERRA:

— Et moi vermoulue.

ZORGAVENA:

— Et moi surmoulue.

ORDONGULA:

— Je suis certaine que ce petit bouleau en savait plus qu'il n'a bien voulu en dire. Mais il ne perd rien pour attendre. (*Elle voit le tapis magique.*) Qu'est-ce que c'est que ça?

LE TAPIS:

— Vous le voyez bien, je suis un tapis magique.

SINISTROSA:

— Un tapis magique! Mais qu'est-ce que tu fais ici?

LE TAPIS:

— Je suis envoyé par le grand Baphotanas, roi de toutes les sorcières. Il a entendu parler de vous et il désirerait vous rencontrer.

ORDONGULA:

— Bizarre. Je ne savais pas que Baphotanas avait un tapis volant, et puis il y a cette curieuse odeur...

LE TAPIS:

— C'est la mienne.

GRIFFESERRA:

— Il y a autre chose; on dirait... mais oui! Ça sent aussi le gnome, la fée et les petits enfants bien grassouillets.

LE TAPIS:

— Pas étonnant. Ce sont des provisions que j'ai portées au grand Baphotanas pour son petit déjeuner de ce matin. Une fée, un gnome, un petit garçon et une petite fille bien grassouillets. Il n'en a fait qu'une bouchée. Mais je ne suis pas ici pour parler cuisine. Dépêchons! Le grand Baphotanas n'aime pas attendre...

ZORGAVENA:

— Doucement mes sœurs, si c'était un piège?

MALÉFICA:

— Tu as raison. Interrogeons notre petite marmite. Voilà un ustensile qui ne sait pas mentir.

LE TAPIS:

— Qu'est-ce que c'est que cette histoire de marmite? Je vous ai dit de vous dépêcher...

SINISTROSA:

— Toi, silence, si tu ne veux pas être transformé en serpillère. Notre petite marmite va nous dire si tu ne te moques pas de nous. (*Elle s'approche de la marmite sur laquelle elle frappe la même séquence rythmique que Michelle...*)

LES SORCIÈRES:

— Marmita-Marmiton, au lieu d'bouillir à gros bouillon
Par le feu et par le chaudron
Dis-nous la vérité tout du long.

TIBURCE, *contrefaisant la marmite*:

— Qu'y a-t-il pour votre service vénérées maîtresses?

MALÉFICA:

— Il se passe des choses bizarres. On renifle de curieuses odeurs. Les arbres nous griffent. Les animaux nous jouent des tours... Et en arrivant ici nous trouvons ce tapis qui dit qu'il est envoyé par le grand Baphotanas...

TIBURCE:

— Hein? répètez. Je n'ai rien compris...

GRIFFESERRA, *hurlant*:

— Ce tapis dit que le roi des sorcières l'a expédié ici pour nous ramener à son château. Mais il se passe des choses si bizarres que nous voudrions ton avis. Dit-il la vérité?

TIBURCE:

— Il... dit... la... vérité. Baphotanas vous attend avec impatience.

SINISTROSA:

— Tu es sûre de ce que tu dis? Je trouve ta voix un peu bizarre...

TIBURCE:

— C'est le venin de cobra que vous m'avez fait cuire hier. Je ne peux pas le digérer... Bon... Où en étais-je? Oui, Baphotanas a des propositions très intéressantes à vous faire.

ORDONGULA:

— Lesquelles?

TIBURCE:

— Il veut que vous l'aidiez à trouver les pires méchancetés à faire pour tourmenter les fées, les gnomes, les hommes et les bêtes.

MALÉFICA:

— Merveilleux programme! J'ai déjà des dizaines d'idées atroces.

LES AUTRES:

— Moi aussi, moi aussi!

TIBURCE:

— Dans ce cas, dépêchez-vous. Baphotanas n'est guère patient.

TOUTES:

— C'est cela! Partons! Ne perdons pas un instant!

Elles montent sur le tapis. Celui-ci décolle aussitôt. Obscurité.

SCÈNE XII

Les sorcières sont regroupées au milieu du tapis, elles ne sont pas très rassurées.

ZORGAVENA:

— Vous direz ce que vous voudrez. On est quand même mieux sur un bon balai.

SINISTROSA:

— C'est vrai. Et ce voyage n'en finit pas.

LE TAPIS:

— On est parti depuis moins de cinq minutes et vous grognez déjà.

ORDONGULA:

— Toi la carpette, silence.

LE TAPIS:

— Dis-donc, vieil épouvantail. Si tu crois qu'on peut parler comme cela à un tapis volant, tu te trompes. D'ailleurs, toi et tes sœurs, vous allez le regretter.

La lumière rougit et devient plus intense.

MALÉFICA:

— Ce tapis est devenu fou. Il nous mène droit sur le soleil. Arrête, tapis, nous allons brûler.

GRIFFESERRA:

— Arrête, Arrête! Mon chapeau commence à griller.

ORDONGULA:

— Arrête tapis! Les poils de mon menton sont en train de roussir.

SINISTROSA:

— Au secours. J'ai le nez qui se met à flamber. Redescendez Monseigneur le tapis.

ZORGAVENA:

— Tapis par pitié, écarte-toi du soleil et nous ferons tout ce que tu voudras.

LE TAPIS:

— Tout?

LES SORCIÈRES:

— Tout, adorable tapis. Le plus beau des tapis existant et ayant existés.

LE TAPIS:

— Dans ce cas, retirez le sort que vous avez jeté sur Brocéliande.

SINISTROSA:

— Jamais!

LE TAPIS:

— Tant pis pour vous. Je vais me rapprocher encore un peu plus de mon ami le soleil...

La lumière rouge s'accentue.

LES SORCIÈRES:

— Arrête! Nous acceptons.

LE TAPIS:

— Allez-y. Je vous écoute.

LES SORCIÈRES, *debout et titubant. Grands gestes*:

— Adieu l'ombre, Adieu la nuit
Fées, gnomes et nains aussi
Jour, lumière, fête et joie
Qu'aujourd'hui dans Brocéliande soient.

Obscurité.

SCÈNE XIII

Brocéliande. Fées, gnomes, arbres et animaux entourent nos héros. Il y a aussi la marmite.

UNE FÉE:

— Merci de nous avoir délivrés.

UN GNOME:

— Oui merci. Ce n'est pas drôle d'être transformé en statue.

MICHELLE:

— C'est tout naturel. Mais nous n'y serions pas arrivés sans le tapis volant...

JEAN-YVES:

— Le voilà! (*Apparition du tapis — vide.*)

LE TAPIS (*Il rit.*):

— Si vous aviez vu la tête des sorcières quand, après les avoir obligées à lever leur sort, je les ai débarquées sur une île déserte en plein océan... Elles se sont mises à se disputer, puis à se battre et, ma foi, elles doivent continuer en ce moment.

MICHELLE:

— Bravo, tapis! Tu t'es bien débrouillé. Si on organisait une fête pour célébrer notre victoire?

TOUS:

— Oui! Oui! Bonne idée...

Les enfants, acteurs ou non, présentent une danse apprise pendant l'année. La lumière et la musique baissent progressivement.

SCÈNE XIV

Même décor que la scène II. Les enfants dorment sur le tapis. Ils tiennent dans leurs bras leurs jouets respectifs. Entre la maman.

MAMAN:

— Mathilde? Jean-Yves? Où êtes-vous? (*Elle les aperçoit.*) Mais que se passe-t-il? Ils dorment. Allons, paresseux, réveillez-vous!

Les enfants s'étirent et bâillent.

MATHILDE:

— Maman... Qu'est-ce que tu fais là?

MAMAN:

— Voyons Mathilde, nous sommes à la maison. C'est normal que je sois avec toi.

JEAN-YVES:

— Comment? On n'est plus à Brocéliande?...

MAMAN:

— Brocéliande? Qu'est-ce que c'est que cette histoire? Vous avez rêvé... C'est encore la télé qui vous a donné de drôles d'idées...

MATHILDE:

— Mais si maman... on était à Brocéliande.

JEAN-YVES:

— Même, on a chassé des sorcières avec Michelle et Tiburce...

MAMAN, *impatientée*:

— Décidément, la télévision ne vous réussit pas... Dépêchez-vous de ranger vos jouets... (*Elle sort.*)

MATHILDE:

— Dis-donc, Jean-Yves, tu crois qu'on a rêvé?

JEAN-YVES:

— Je me le demande... C'est bizarre... On ne rêve jamais de la même chose et tu viens de dire que tu étais à Brocéliande, tout comme moi.

MATHILDE:

— Et on ne peut rien demander à Michelle ni à Tiburce. Ils sont redevenus jouets maintenant... (*Elle prend sa poupée et la serre contre elle. A ce moment un petit objet noir tombe à terre avec un bruit métallique. Mathilde se baisse et le ramasse, elle crie.*) Jean-Yves! Regarde, on n'a pas rêvé!

JEAN-YVES:

— Quoi?

MATHILDE:

— Regarde, j'ai trouvé la petite marmite. On va lui demander comment faire repartir le tapis...

JEAN-YVES:

— Tu crois que ça marchera?

MATHILDE:

— Bien sûr... (*Elle frappe à plusieurs reprises la séquence rythmée. Pendant ce temps l'obscurité se fait.*)

SCÈNE XV

C'est de nouveau la lumière. Le tapis vole en plein ciel. Dessus Mathilde, Jean-Yves, Tiburce, Michelle et la marmite.

TIBURCE:

— Et ensuite on ira chez mon ami, le roi des ours...

MATHILDE:

— Moi, ce que je ne comprends pas, c'est que Maman n'a jamais voulu nous croire pour Brocéliande. Elle disait qu'on rêvait.

MICHELLE:

— Pas étonnant. Les parents c'est comme ça. Quand ils ont du mal à comprendre ce que leurs enfants leur racontent, ils disent qu'ils ont rêvé. (*Le tapis et ses passagers disparaissent. Obscurité.*)

FIN

LE VILAIN PETIT CANARD

THÈME

Une cane couve ses œufs. Des poussins naissent, un seul est très vilain. Il lui arrivera beaucoup de malheurs mais en grandissant il deviendra un beau cygne et fera l'admiration de tous.

LES PERSONNAGES : 20

Un conteur, deux canetons, le vilain petit canard, la cane, la vieille cane, la vieille femme, la poule, le chat, deux oies, deux cygnes, deux chasseurs, le paysan, trois enfants.
Un accessoiriste pour changer les décors, un ou plusieurs instrumentistes.

SUGGESTIONS POUR RÉALISER LE SPECTACLE

Les costumes : les animaux peuvent être simplement habillés d'un collant et d'un pull ou d'une chemise de la couleur de l'animal représenté.
On peut ajouter des ailes aux canards, aux oies, aux cygnes, aux poules. La vieille cane a un nœud rouge autour du cou. Le vilain petit canard est vêtu de gris ou de marron au début de l'histoire, puis de blanc à la fin.

La vieille femme a un fichu sur la tête, une jupe longue. Les chasseurs sont en pull et collant ou pantalon marron ou kaki avec un fusil en bandoulière. Le paysan a un pantalon et un pull ou une veste de couleur foncée et des sabots. Les enfants sont habillés normalement.

Les décors: les décors sont confectionnés par les enfants. Le château est reproduit sur un carton suffisamment grand pour que les acteurs puissent se cacher derrière: le décorer en dessinant des pierres, découper des créneaux, faire des tours.

Les roseaux du château et ceux du marais sont faits en carton ou ramassés au cours d'une promenade. La barrière, la cabane du paysan sont également en carton. La mare est représentée par un tissu bleu ou vert étalé sur le sol. Pour nourrir l'imagination des enfants, des documents photographiques ou des images (châteaux, paysages, animaux) peuvent être recherchés, apportés en classe et observés par les élèves.

Le conte se déroule durant trois saisons différenciées par les changements de décor. Au décor initial on ajoutera pour l'été un soleil à élever au-dessus du château (au bout d'un grand manche ou bâton), un parterre de fleurs à faire coulisser devant le château (marguerites, coquelicots). Quelques fleurs seront placées devant la barrière par le personnage de la vieille cane.

L'accessoiriste manœuvre le soleil et le parterre de fleurs en les faisant apparaître puis disparaître pour la venue de l'hiver. Le soleil sera alors remplacé par des nuages. La vieille cane fait disparaître les fleurs. Pour le printemps le soleil réapparaît ainsi que d'autres fleurs (jonquilles, tulipes, crocus).

La mise en scène: au début du conte se trouvent sur scène:

— la cane et les trois canetons dans les roseaux (lieu 1);

— la vieille cane et les deux canards derrière la barrière (lieu 3);

— le paysan, la poule, le chat devant la cabane (lieu 4);

— les autres personnages sont cachés derrière le château et sortent en écoutant le déroulement du conte. Ils disparaissent ensuite derrière le château quand leur rôle est terminé;

— le conteur se place dans un coin de la scène, au premier plan.

Les accessoires: des instruments de musique (triangle, tambourin, cymbales, moulinet ou woodblock), du pain (miettes), des fusils (jouets ou reproductions en carton), un

magnétophone ou un électrophone, une cassette ou un disque de musique douce (par exemple: Bach: *Concerto brandebourgeois n° 4*, Tchaïkovski: *6e symphonie*, la *Pathétique*, l'*adagio*.

COMMENT PRÉPARER LES ÉLÈVES À INTERPRÉTER LE CONTE

— Raconter l'histoire dans sa version originale plusieurs fois, selon la maturité des enfants;
— expliquer les mots inconnus, les écrire, les mimer, dessiner ce qu'ils représentent quand cela est possible;
— chercher le nombre de personnages, les lieux de l'action, les accessoires nécessaires;
— représenter les décors, trouver les matériaux, les outils pour la réalisation. Jouer les personnages avec leur caractère spécifique (mime, danse, déplacement, voix);
— proposer l'apport musical (enregistrement, instruments de musique, bruitage);
— apprendre le texte et le dire.

Le rôle du conteur est important. Le texte est un peu long pour le dire sans le soutien du texte écrit. Mais il doit être bien connu. Pour faciliter la lecture on peut réécrire le texte en présentant une phrase par ligne pour éviter que l'enfant ne laisse tomber la voix au mauvais endroit.
Le rôle du conteur peut être tenu successivement par deux ou trois élèves.

LE VILAIN PETIT CANARD

PAR DENISE CHAUVEL
D'APRÈS UN CONTE D'ANDERSEN

PERSONNAGES

Le conteur, le vilain petit canard,
2 canetons, la cane, la vieille cane,
la vieille femme, la poule, le chat,
2 oies, 2 cygnes, 2 chasseurs,
le paysan, 3 enfants

LE CONTEUR:

— Oh, qu'il faisait bon dehors à la campagne! C'était l'été. En plein soleil s'élevait un vieux château entouré de douves profondes. L'endroit était aussi sauvage que la plus épaisse forêt.
Une cane était là sur son nid. Elle couvait ses canetons qui devaient sortir des œufs; mais elle commençait à en avoir assez car cela durait depuis longtemps et on venait rarement la voir.
(*Musique douce*.)

Enfin les œufs craquèrent. (*Les canetons s'agitent l'un après l'autre, sauf le vilain petit canard.*)
On entendait (*Instruments: moulinet ou woodblock: «clac, clac, clac».*):

LA CANE:
— Coin! Coin! Coin!

LES CANETONS, *en s'agitant*:
— Comme le monde est grand!

LA CANE:
— Vous êtes tous bien là au moins? Non, je ne les ai pas tous, le plus grand œuf est encore là, combien de temps cela va-t-il encore durer?
La cane se recouche. Musique douce.

LE CONTEUR:
— Enfin le gros œuf creva. (*Le vilain petit canard s'agite. Instruments: triangle 4 ou 5 sons.*)
Il était grand et laid. La cane le regarda.

LA CANE:
— Voilà un caneton terriblement gros, aucun des autres ne lui ressemble. Ce ne serait tout de même pas un dindonneau?
Musique douce. Tous s'agitent un peu puis s'endorment.

LE CONTEUR:
— Le lendemain il fit un temps délicieux. La mère cane vient au bord de la douve avec toute sa famille. (*La cane et les canetons se déplacent jusqu'à la mare.*)
Elle saute dans l'eau.
La cane plonge dans l'eau. Instruments: tambourins 2 à 5 coups.

LA CANE:
— Coin! Coin!
Les canetons plongent.

LE CONTEUR:
— Les canetons plongèrent l'un après l'autre. Tous étaient là, même le gros gris, si laid, nageait avec les autres.

LA CANE:
— Coin! Coin! Venez avec moi que je vous présente dans la cour des canards.
Musique. La cane et les canetons se déplacent jusqu'à la cour des canards.

LE CONTEUR:
— Ils arrivèrent dans la cour des canards.

LA CANE:
— Courbez le dos et dites «coin coin».

LES CANETONS:
— Coin, coin.

LA VIEILLE CANE:

— Ce sont de beaux enfants, tous beaux à l'exception de celui-là.

LA CANE:

— Il est resté trop longtemps dans son œuf, madame, c'est pourquoi il n'a pas eu la taille convenable. D'ailleurs c'est un canard!

LA VIEILLE CANE:

— Les autres canetons sont gentils.
Les canards bousculent le vilain petit canard.

LE CONTEUR:

— Mais le pauvre caneton, qui était sorti de l'œuf le dernier et qui était si laid, fut mordu, bousculé et nargué à la fois par les canes et les poules. Le pauvre caneton ne savait où se fourrer. Alors il s'envola par-dessus la haie. (*Le vilain petit canard se sauve et se pose jusqu'au marais, la cane et les deux canetons sortent derrière le château.*)
Il parvint au grand marais habité par les canards sauvages. *(5)* Il resta là deux jours. (*Musique.*)
Après quoi arrivèrent deux jars. (*Musique. Les deux jars se déplacent.*)
Soudain, au-dessus d'eux on entendit (*Instruments: cymbales 3 ou 4 coups. Les chasseurs se déplacent et visent avec leur fusil en même temps que les coups de cymbale.*)
Les deux jars tombèrent morts dans les roseaux. (*Les deux jars tombent. Instruments: cymbale 3 ou 4 coups.)*
De nouveau des troupes d'oies sauvages s'envolèrent des roseaux. Les coups de fusil éclatèrent encore. (*Les oies se déplacent et tombent derrière le château. Instruments: cymbales 3 ou 4 coups.*)
C'était une grande chasse. Les chasseurs étaient autour de l'étang. Le caneton demeure immobile pendant la pétarade des coups de feu. Le calme ne revint que tard dans la journée. (*Les chasseurs sortent.*)
Alors il se dépêcha de quitter le marais le plus vite possible. Il courut à travers champs et prés. (*Le vilain petit canard traverse la scène jusqu'à la cabane.*) *(4).*
Vers le soir il atteignit une petite cabane de paysan. C'était la demeure d'une vieille femme. Elle vivait avec son chat Fiston et sa poule Courtes-Pattes. Le matin on vit tout de suite le caneton étranger.

LA FEMME:

— Voilà une bonne prise. Je vais avoir des œufs de cane, pourvu que ce soit un canard, enfin, on verra.

LE CONTEUR:

— Et le caneton fut admis pendant trois semaines mais aucun œuf ne vint.

LA FEMME:

— Sais-tu pondre?

LE CANETON:

— Non.

LA FEMME:

— Alors tu n'as qu'à te taire.

LE CHAT:

— Sais-tu faire le gros dos, ronronner, faire jaillir des étincelles?

LE CANETON:

— Non.

LE CHAT:

— Alors tu n'as qu'à rien dire.

LE CANETON:

— Je crois que je vais m'en aller dans le vaste monde.

LA POULE:

— Eh bien, fais-le donc!
Le vilain petit canard se déplace sur la scène jusqu'à la mare. (2)

LE CONTEUR:

— Et le caneton partit. Il nagea sur l'eau. Il plongea. Mais tous les animaux le dédaignaient à cause de sa laideur. Un soir, comme le soleil se couchait, arriva tout un troupeau de beaux oiseaux qui sortaient des buissons. (*Les cygnes se déplacent sur la scène.*)
Ils étaient d'une blancheur éclatante et avaient de longs cous flexibles. C'était des cygnes. Ils déployèrent leurs grandes ailes magnifiques. Ils s'envolèrent très haut, très haut. (*Les cygnes disparaissent derrière le château.*)
Le caneton les regarde, tristement, s'éloigner et il reste là, longtemps, longtemps. L'hiver fut extrêmement froid. Le caneton dut tout le temps nager pour empêcher la mare de geler. (*Le vilain petit canard se déplace dans la mare.*)
Il finit par être si épuisé qu'il ne bougea plus. Il resta gelé, pris dans la glace. (*Le vilain petit canard ne bouge plus. Le paysan arrive.*)
Le matin de bonne heure arriva un paysan qui le vit. Il brisa la glace avec ses sabots et l'emporta chez lui. Il le ranima mais le caneton crut qu'on lui voulait du mal. Il se sauva tout effrayé. (*Le vilain petit canard retourne dans les roseaux en traversant la scène.*) *(1)*
Mais ce serait trop triste de raconter toutes les misères qu'il dut subir. L'hiver était si rigoureux. (*Musique. Le vilain petit canard sort derrière le château et change de costume, puis revient. Rien ne bouge.*)
Il était dans le marais parmi les roseaux lorsque le soleil redevint brillant et chaud. (*Le vilain petit canard bouge et déploie ses «ailes». L'accessoiriste place le décor «printemps».)*
Soudain le caneton déploya ses ailes qui l'emportèrent avec vigueur. Il se trouva dans un grand jardin où les pommiers étaient en fleur. (*Devant 3.*)

LE CANETON, *qui s'est déplacé jusqu'au décor printemps*:

— Oh qu'il fait bon dans la douceur du printemps.
Trois cygnes entrent en scène.

LE CONTEUR:

— Droit devant lui s'avancèrent trois beaux cygnes. Ils battaient des ailes et nageaient librement. (*Musique. Les trois cygnes se déplacent. Le vilain petit canard va dans la mare.*) *(2)*
Il reconnut les magnifiques bêtes. Il vola dans l'eau où il nagea vers les superbes cygnes. Ils l'aperçurent et accoururent à lui à grands coups d'ailes. Mais que vit-il dans l'eau claire? Il vit sous lui sa propre image. Il était lui-même un cygne et les grands cygnes nageaient autour de lui et le caressaient avec leurs becs. (*Des enfants arrivent.*) Des petits enfants arrivèrent dans le jardin. Ils jetèrent du pain et du grain dans l'eau et le plus jeune s'écria:

L'ENFANT:

— Il y en a un nouveau.

LES ENFANTS:

— Oui, il y en a un nouveau. Papa, maman, venez voir le nouveau cygne.

TOUT LE MONDE:

— Le nouveau est le plus beau! Si jeune et si joli.

LE CONTEUR:

— Il était trop heureux mais nullement orgueilleux. Car un bon cœur n'est jamais orgueilleux. Il songeait combien il avait été honni et pourchassé. Maintenant il entendait dire qu'il était le plus charmant des oiseaux.
Musique. Tous les acteurs quittent la scène par le château en dansant.

FIN

Les cavaliers de Gobelune

THÈME
Pendant les vacances, des enfants d'une cité HLM rêvent de grands espaces.

NOMBRE DE PERSONNAGES: 10 et plus
Les 10 personnages sont Gobelune: jeune garçon rêveur, Partibus: jeune garçon encore plus rêveur, Trousquette: fillette blonde, Myrtille: fillette brune, Petit Futé: garçon, Razimuth: autre garçon, et une troupe d'enfants des deux sexes, dont le nombre peut être variable.
Les quatre cavaliers: le cavalier du Désert, le cavalier des Rizières, le cavalier de la Savane, le cavalier des Prairies.
Il faut aussi prévoir un joueur de flûte, un joueur de tam-tam, 4 bruiteurs (avec woodblocks) pour imiter les galops des chevaux, un projectionniste, un éclairagiste, un régleur de son.

SUGGESTIONS POUR RÉALISER LE SPECTACLE
Les costumes: les enfants sont en tenue de ville, les cavaliers représentent chacun une race différente: Le cavalier du Désert, tout de blanc vêtu (façon «Touareg»), le cavalier des Rizières, un Asiatique, avec un bonnet de gaze à la chinoise (ou une allure de «samouraï»), le cavalier des Savanes, un Noir, et le cavalier des Prairies à la coiffure de plumes traditionnelle d'un «chef», Sioux, par exemple!

Les accessoires: un drap blanc tendu (servant d'écran), un projecteur de diapositives, des instruments de musique: une flûte, un tam-tam (tambourin), 4 woodblocks.

Le décor: au fond est tendu un drap blanc sur lequel les diapositives seront projetées: sur l'envers, si le recul le permet, sinon sur l'endroit, le projectionniste étant placé légèrement sur le côté pour ne pas gêner les acteurs. Le champ de projection sera situé assez haut sur le drap afin que les acteurs puissent évoluer sans obstruer la vue des spectateurs (voir dessin ci-dessous). Le drap peut être décoré tout autour de la surface de l'image. De chaque côté de la scène seront installés des bancs, des jeux: toboggans, petites balançoires... (empruntés à une école maternelle) pour représenter un espace jeu.

La mise en scène: elle est décrite dans le texte de la pièce. Les acteurs entrent et sortent de part et d'autre de l'écran de projection.

LA PRÉPARATION

Cette pièce fait appel à différents domaines artistiques: la poésie, la création d'images, la musique.

La poésie: il conviendra de travailler particulièrement l'interprétation vocale, puis les enfants essaieront de dire différemment le même texte en mettant l'accent soit sur des sons, des verbes, des adjectifs ou en travaillant le rythme de la poésie, en déplaçant le groupe de souffle par exemple si ___ représente un temps d'arrêt:

Tous ___ les rêves que je fais ___
Ne ___ s'achèvent, ne ___ s'achèvent
Jamais
ou
Tous les rêves ___ que je fais
Ne s'achèvent ___, ne s'achèvent
___ Jamais
ou
Tous les rêves que ___ je fais
Ne s'achèvent, ne s'achèvent
___ Jamais

Chacun s'exercera à rendre, vocalement, une atmosphère de rêve («Tous les rêves que je fais...») ou une atmosphère réaliste («Nous vivons dans les HLM...») ou une ambiance fantaisiste («Trou du loup, laïtou....») selon le texte correspondant.

La création d'images: tout au long de la pièce, des images sont projetées sur l'écran: des photographies ou des dessins d'enfants. L'apport de photographies est intéressant car il permet aux élèves de mieux distinguer entre le milieu quotidien et le milieu imaginé. Mais il est souvent difficile d'obtenir une série de diapositives sur les sujets à traiter. Les élèves pourront alors se servir de documents (livres, revues) pour dessiner les images, qui seront photographiées par l'enseignant.

Les diapositives sont au nombre d'une trentaine. Elles représentent:

— des tours (HLM) à la tombée du jour: quelques dessins sont réalisés pour figurer ce paysage jusqu'à la nuit afin de terminer par des tours avec un croissant de lune (5 diapositives);

— un chemin avec au loin une ville, un chemin avec une forêt, au loin la ville, un chemin en lisière de la forêt (3 diapositives);

— une forêt, une forêt très noire (2 diapositives);
— un paysage représentant le désert, des chameaux, une oasis, un fac-similé de texte arabe (4 ou 5 diapositives);
— un paysage d'Asie, une ville chinoise, une ville japonaise, un fac-similé de texte chinois (4 ou 5 diapositives);
— un paysage africain, des masques, des éléphants, un village africain (4 ou 5 diapositives);
— un paysage de l'Ouest américain, des Indiens, (4 ou 5 diapositives);
— une forêt, une ville dans le lointain, une ville qui peut être celle du début (3 diapositives).

La musique: le choix des enregistrements sera fait avec les élèves. Les interprétations à la flûte, au tam-tam seront préparées après improvisation, et choisis définitivement par le groupe.
Le bruitage des galops des chevaux seront répétés avec les woodblocks ou des bâtons.

Les éclairages: s'il est possible d'avoir le noir complet, l'éclairage aura une grande importance. Il peut se faire avec des grosses lampes fixées à une corde tendue au-dessus de la scène, chaque lampe ayant un interrupteur indépendant. L'éclairage sera travaillé en direction, intensité et couleur.

Pour réussir ce spectacle, il serait bon de le travailler pendant deux trimestres en étudiant les pays concernés avec leurs coutumes, leur environnement.
Si plusieurs classes veulent y participer, on peut y ajouter des danses, des chants interprétés par d'autres élèves.

LES CAVALIERS DE GOBELUNE

PAR GEORGES JEAN

PERSONNAGES

Partibus, Gobelune, Trousquette
Myrtille, Petit Futé, Razimuth,
cavalier du Désert, cavalier des Rizières
cavalier des Savanes, cavalier des Prairies

TABLEAU I

Un soir d'été. Ce sont les vacances. Gobelune est organisateur des jeux et des rêves des enfants de la cité HLM des Oliviers, dans la banlieue d'une grande ville nouvelle. Il est au milieu d'un «espace de jeu»; sur l'écran du fond de scène; projection de maisons; de tours. Gobelune a décidé une expédition vers la forêt proche; car tous les soirs, en s'endormant, il entend, du côté de la forêt, comme le galop de plusieurs chevaux. Il attend son copain Partibus, encore plus rêveur que lui. Et Partibus arrive.

PARTIBUS:

— Tous les rêves que je fais,
Ne s'achèvent, ne s'achèvent,
Jamais!
Je m'envole loin d'ici,
Je découvre, je découvre,
Des pays!
Des pays très merveilleux;
Que recouvre, que recouvre,
Le ciel bleu!
Il aperçoit Gobelune.

GOBELUNE:

— Partibus, c'est Gobelune,
Gobelune d'à côté,

PARTIBUS:

— Quoi, tu veux encore la lune?
J'étais en train d'y rêver!

GOBELUNE:

— Non Partibus, pas la lune,
Je veux que nous allions tous,
A la rencontre des cavaliers de la forêt.

PARTIBUS:

— Tous?

GOBELUNE:

— Toi, moi, Trousquette, Myrtille, Petit Futé, Razimuth et tous les copains qui n'auront pas peur de venir.

PARTIBUS:

— Bon, bon, bon Gobelune,
On y va, on y va,
Vers la forêt profonde,
Où le bruit de chevaux,
Te fait croire que la lune,
Viendra dans ton chapeau!

GOBELUNE:

— Toi qui es poète, invente quelque chose pour alerter les potes. Moi je vais mettre ceux de la bande au parfum! (*Gobelune se retire.*)

PARTIBUS *déclame*:

— Petits copains des HLM,
Venez, venez vers la forêt,
D'après Gobelune, il paraît,
Que ses cavaliers nous révèlent,
Ce soir, leurs merveilleux secrets.
Le secret qui fait que l'on aime,
Les enfants de partout, qu'on mêle
Leurs jeux et nos super-jouets!

Petits copains des HLM,
Venez, venez, vers la forêt!

GOBELUNE ET SA BANDE, *des garçons et des filles se rassemblent au centre en criant:*

— Petits copains des HLM
Petits copains hyper-branchés
Suivez-nous donc vers la forêt!

TABLEAU II

Défilent sur le fond une série de diapositives qui montrent un chemin, avec la ville qui s'éloigne et la lisière de la forêt qui se rapproche. Les enfants parlent entre eux.

UN ENFANT:

— Je n'ai jamais rencontré les cavaliers de Gobelune.

UN AUTRE ENFANT:

— Moi non plus. Ou plutôt... si... en songe!

UN AUTRE ENFANT:

— Les songes, ce n'est pas vrai, ça n'existe pas, ce ne sont... que des songes.

UN AUTRE ENFANT:

— Gobelune
Partibus
Où va-t-on
Ding ding dong!?

PARTIBUS:

— Petits amis, petits copains,
Tenez-vous bien par la main,
Nous allons au Bois d'en haut,
Où l'on entend des chevaux.

GOBELUNE:

— Les chevaux, les cavaliers,
Venus de l'autre côté,
Ils m'ont donné rendez-vous,
Du côté du «Trou du Loup»!

A ces mots les enfants improvisent une comptine.

LES ENFANTS:

— Trou du Loup, Laïtou,
On le voit de partout,
Mais le Loup, Laïtou,
Est tombé dans le trou!
Tiou!

TABLEAU III

On voit sur le fond la lisière d'une forêt profonde. Le jour tombe. Venant de très loin on entend une douce musique (flûte à bec) et, sur cette musique, se développe le galop, d'abord très lointain, puis qui se rapproche peu à peu, de quatre chevaux.
Gobelune au centre; les enfants font cercle autour de lui.

GOBELUNE:
— Ecoutez, ils viennent.
Les chevaux d'ailleurs,
Les chevaux du cœur!

CHŒUR:
— Ecoutez ils viennent!

GOBELUNE:
— Et les cavaliers,
Couleurs de lumière,
Sur leurs blancs coursiers!

CHŒUR:
— Sur leurs blancs coursiers,
Couleurs de lumière!

GOBELUNE:
— Ce sont nos amis,
Venus de là-bas,
De tous les pays!

CHŒUR:
— Venus de là-bas,
De tous les pays!

TABLEAU IV

Obscurité. Puis apparaissent en pleine lumière 4 personnages. Ce sont les cavaliers. Les enfants, d'abord étonnés, se rapprochent.

GOBELUNE:
— Moi je suis Gobelune.

TROUSQUETTE:
— Moi je suis Trousquette.

PARTIBUS:
— Moi, Partibus.

PETIT FUTÉ:
— Moi, Petit Futé.
Tous les enfants se présentent les uns après les autres.

GOBELUNE:
— Nous vivons dans des HLM,
Ce n'est pas la joie tous les jours,
Y a pas un arbre dans les cours,

Les appartements sont petits;
Y a toujours un bébé qui crie;
La télé qui marche trop fort,
Comme on est pas des surdoués,
Nos problèmes sont faux ou ratés
Et le maître n'est pas content
A l'école!

PARTIBUS:

— Mais heureusement cavaliers,
Nous aimons jouer.

MYRTILLE:

— Mais on est souvent tristes.

PETIT FUTÉ:

— Alors on va jouer avec ceux de l'autre bloc.

RAZIMUTH:

— Brahim, Fatima, Dialo, Boubou Du Niger, Tac Van, Riri le Rital, Rosa de Coimbra, Kemal et les autres.

TROUSQUETTE:

— On se marre bien avec eux
Ils nous racontent de drôles d'histoires
Ils nous font manger de drôles de choses!

RAZIMUTH:

— Il arrive qu'on se bagarre!

PETIT FUTÉ:

— Mais surtout, nos parents nous disent:
«Qu'allez-vous faire avec ces gens?
Ils ne sont pas faits comme nous
Ils viennent d'ailleurs
Ils font du bruit, ils mangent n'importe quoi,
Ils sentent mauvais!»

Alors que les paroles des enfants se poursuivent et décroissent, le cavalier du Désert se place au milieu du cercle de lumière.
Sur l'écran sont projetées les diapositives du désert, du texte arabe, etc.

LE CAVALIER DU DÉSERT:

— Enfants d'ici, les copains de mon pays
Ont la mémoire pleine de soleil
De poésie et de chevaux
D'oasis plus fraîches que les torrents de vos montagnes,
Et le pas lent de nos chameaux les accompagne!
Il me faudrait «mille et une nuits» pour vous raconter nos histoires...

TROUSQUETTE:

— *Mille et Une Nuits,* moi je connais: *Aladin et la lampe merveilleuse, Ali baba,* et *Simbad le marin!*

LE CAVALIER DU DÉSERT:

— Et les dattes de miel, et notre écriture si belle à dessiner!

PETIT FUTÉ:

— Oui mais Brahim quand il écrit son nom dans sa langue, il l'écrit à l'envers!

LE CAVALIER DES RIZIÈRES:

— Je parle pour des millions et des millions de femmes, d'enfants, d'hommes aux yeux bridés. Je raconte la très vieille histoire de la Chine, du Japon et de ces Hindous qui vous ressemblent plus qu'à nous.
Nos amis Chinois ont inventé la poudre
Pour les feux d'artifice,
Et la boussole, et le boulier
Et des caractères pour écrire avec un pinceau et qui sont de vraies merveilles!
Nos amis Japonais inventent encore et fabriquent appareils photos, magnétoscopes, caméras vidéo, et les motos de vos grands frères; et ils sont respectueux de leurs traditions et ils composent de drôles de petits poèmes, comme celui-ci:
«Escargot
Tout doux, tout doux,
Vas-y, monte le Fuji» (Ruson)

PARTIBUS, *qui fait l'important*

— Le Fuji c'est la plus haute montagne du Japon. Une montagne sacrée.

A ce moment on entend monter les battements du tam-tam. Sur l'écran, vues de l'Afrique, masques, villages, etc. Puis se mêle à cela, sur le plan sonore des mélopées indiennes et sur le plan visuel, des vues de l'Ouest américain, des visages d'Indiens de diverses tribus. S'engage alors un chœur alterné entre le cavalier des Savanes et le cavalier des Prairies.

LE CAVALIER DES SAVANES:

— Nous sommes les hommes de la danse.

LE CAVALIER DES PRAIRIES:

— Nous sommes les aigles des prairies du Nouveau Monde!

LE CAVALIER DES SAVANES:

— Notre Afrique est de terre rouge; et nos frères du Sahel sont rongés par la faim. Nos frères du Sud sont esclaves de la haine blanche.

LE CAVALIER DES PRAIRIES:

— Nous étions les maîtres libres des prairies
Nous étions les amis des bisons et des trappeurs.
Des hommes blancs nous ont parqués dans des «réserves». Que le Grand Esprit nous protège et nous disons: «Nous aimons la tranquillité; nous laissons la souris jouer en paix; quand les bois frémissent sous le vent nous n'avons pas peur!»
(Lettre d'un chef indien 1976)

TOUS LES ENFANTS:
— Quand les bois frémissent sous le vent, nous n'avons pas peur!

Les 4 cavaliers se tiennent alors par la main et dansent, et tous les enfants entrent dans la danse. On peut alors projeter des images d'enfants de toutes les races, de tous les pays. Puis le silence revient.

LE CAVALIER DU DÉSERT:
— Jeunes enfants de ce pays, nous sommes tous des hommes!

LE CAVALIER DES PRAIRIES:
— Nous sommes des hommes différents, mais nous sommes tous des hommes!

LE CAVALIER DES SAVANES:
— Certains ont la peau noire et les cheveux crépus, mais ce sont tous des hommes!

LE CAVALIER DES RIZIÈRES:
— Certains ont les yeux en amande et écrivent avec d'étranges caractères, mais nous sommes tous des hommes!

TOUS:
— Nous sommes tous des hommes.

TROUSQUETTE, *criant*
— Et des femmes!

TABLEAU V

Obscurité. La lumière revient. Les cavaliers ont disparu. Restent les enfants, un instant immobiles et silencieux.

GOBELUNE:
— Eh bien qu'en dites-vous?

PARTIBUS:
— Super!

TROUSQUETTE:
— Génial!

MYRTILLE:
— Extra!

PETIT FUTÉ:

— Plutôt sensass ton cinéma Gobelune!

RAZIMUTH:

— Comme si c'était du cinéma!

GOBELUNE:

— Peut-être! Enfin qui peut savoir
Ce qui se passe ici le soir?
Je ne sais pas si ces merveilles,
Sont vraies ou restent des merveilles!

PARTIBUS:

— Moi j'y crois, on n'a pas rêvé,
Et en rêves je m'y connais!

PETIT FUTÉ:

— Ils nous disaient la vérité.

TROUSQUETTE:

— Ils étaient beaux ces cavaliers!

MYRTILLE:

— Moi, je dis que ces gens,
Sont venus pour les grands!

RAZIMUTH:

— Pour les grands, les parents
Qui n'imaginent rien
Que leur petit train-train
Quotidien!

PARTIBUS:

— Partout où ils vont ils ne pensent qu'aux pommes frites et aux hamburgers, et au loto, et à leur auto...

GOBELUNE:

— Et les enfants qui ont faim
Et les enfants qui souffrent
Les guerres, l'intolérance
Ils ne les voient qu'à la Télé!

Obscurité.

TABLEAU VI

On voit la ville qui se rapproche; tout en marchant lentement, les enfants parlent.

PARTIBUS:

— Les cavaliers de Gobelune
Ne sont pas venus de la Lune.
Ils venaient pour le monde entier!
Ils étaient quatre cavaliers!

CHŒUR:

— Ils étaient quatre cavaliers
Ils arrivaient du monde entier!

TROUSQUETTE:

— Les cavaliers de Gobelune
Sont repartis dans la forêt
Nous les aimons, ce sont nos frères
Comme tous les gens, de partout
Les noirs, les blancs, les bruns, les roux!

CHŒUR:

— Les cavaliers de Gobelune
Les noirs, les blancs, les blonds, les roux!

MYRTILLE:

— Ceux qui vivent dans les igloos
Ceux qui sont nus parce qu'il fait chaud.

RAZIMUTH:

— Ceux qui prient en baissant la tête;
Ceux qui n'aiment que les poètes.
Les inventeurs et les bergers.
Les astronautes, les branchés
Ceux qui ont marché sur la Lune
Ceux qui cultivent leurs rosiers
Nos compagnons dans l'amitié!
Les cavaliers de Gobelune!

CHŒUR:

— Les cavaliers de Gobelune
Nos compagnons du monde entier.

NOIR FINAL

RENARD

THÈME

Cette courte pièce propose une double introduction au Moyen Age:

— historique (si l'on joue les intermèdes): l'action se situe à la fin du XIIe siècle sous le règne de Philippe II Auguste (1180-1223), au moment de la Troisième croisade (1189-1192) conduite par Frédéric Ier Barberousse (1152-1190).

Après avoir refait l'unité des musulmans, Saladin (Salaed-Din Yousouf ibn-Ayyoub, 1171-1193) vient d'écraser les Latins à Hattin (4 juillet 1187) et de s'emparer de Jérusalem (2 octobre 1187).

Philippe-Auguste, peu motivé par la croisade, mène une politique de centralisation monarchique au détriment des grands vassaux et du roi d'Angleterre Richard Ier Cœur de Lion

(1189-1199) dont il cherche à occuper les possessions continentales;

— littéraire: cette pièce comprend de nombreuses allusions aux différentes versions du *Roman de Renard* écrites de la fin du XIIe siècle au début du XIVe siècle.

NOMBRE DE PERSONNAGES: 8

— Sire Lion, roi de Lionnerie;
— sire Loup, seigneur des terres de Louvet et de Louveterie, vassal de Lion pour la terre de Louveterie et connétable de Lionnerie;
— sire Renard, seigneur des terres de Renardière et de Terrier, vassal de Lion pour la terre de Renardière;
— Blaireau, ami de Renard;
— sire Ours, seigneur d'Oursière, vassal de Lion et sénéchal de son Hôtel; il est son conseiller et son messager;
— frère Âne, abbé de l'Ecurie (dont la communauté est constituée par les Ânes), chancelier de l'Hôtel du roi;
— Coq, seigneur de Poulailler, vassal de Lion et bailli de Basse-Cour. Le domaine de Basse-Cour comprend la ville de Clapier où vivent les Lapins (commerçants et artisans) et le village de Poulailler où vivent les Poulets (paysans);
— Corbeau, bourgeois de Corbine, la plus grande ville du royaume de Lionnerie.

Il faut compter 10 à 15 figurants: arbres, ânes, poulets, moutons; 2 à 4 accessoiristes.

SUGGESTIONS POUR RÉALISER LE SPECTACLE

Les costumes: chaque personnage est habillé de collants et d'un pull ou d'une chemise de la couleur de l'animal représenté. Il porte un masque sur le haut du visage, la bouche n'est pas recouverte. Chaque animal est caractérisé: Sir lion porte une couronne; frère Ane et les moines peuvent avoir une robe marron, une croix autour du cou; l'ours a des vêtements déchiquetés, des pansements.

Les décors:
Acte I: le décor de fond représente une abbaye avec une porte à deux battants que l'on peut ouvrir. La forêt est faite d'arbres en carton tenus par des élèves. Un écran est disposé au centre de la scène.
Acte II: le décor de fond est celui d'une cour de monastère, à droite est dessinée une porte qui peut s'ouvrir. Deux enfants portent chacun une plaque de carton représentant la porte d'un monastère qui avance vers le centre de la scène. Quand les enfants écartent les deux battants, la porte ouverte laisse apparaître la cour du monastère. Au centre, le puits (voir le dessin ci-dessous).

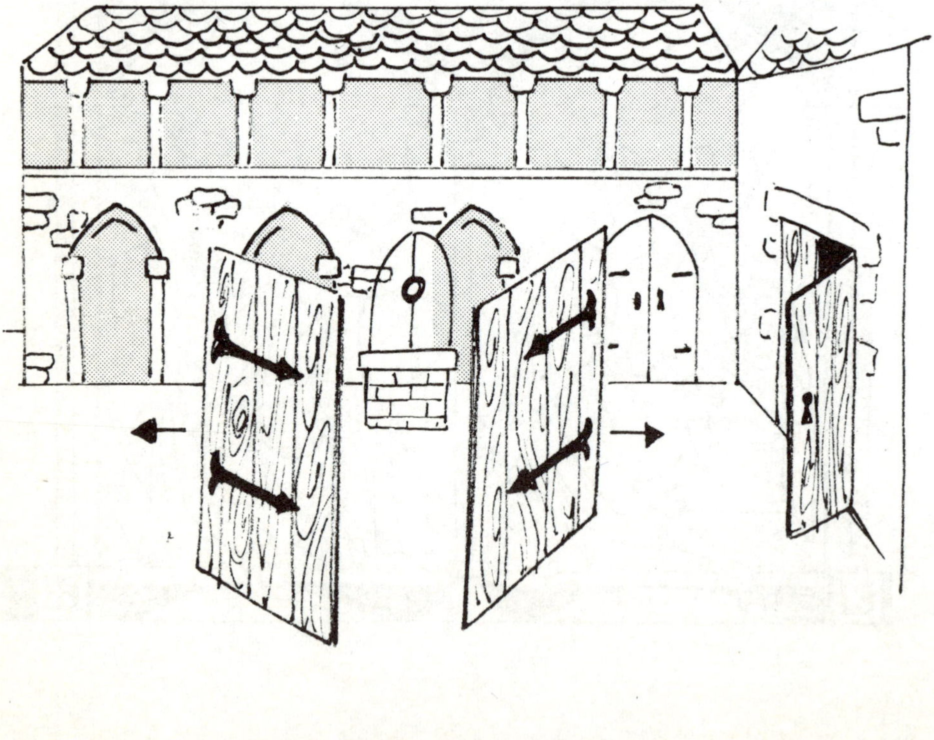

Acte III: au fond une clairière, au centre se trouve le trône du lion (chaise montée sur une table, le tout recouvert de tissu ou de papier coloré, argenté, doré, et décoré (voir le dessin ci-dessous).
Acte IV: une ville.

Les accessoires: des arbres en carton, une chaise, deux seaux, une corde, un balai, pour le puits voir le schéma p. 00, des bâtons, une civière, une écharpe avec une croix (dessinée, cousue ou collée), un bâton de pèlerin, un magnétophone ou un électrophone, des dis-

ques ou cassettes (chants grégoriens, musique turque ou arabe, chants profanes), un écran, un projecteur de diapositives (si on joue les intermèdes).

Mise en scène: elle est indiquée pour chaque scène dans le texte.
Destinés à présenter le contexte historique en relation avec les programmes d'histoire, les intermèdes constituent un moment où tous les élèves de la classe peuvent intervenir sur scène, dans une chorégraphie simple, pour présenter leurs travaux, réciter un poème, interpréter un chant... sur la période historique en question.

LA PRÉPARATION
Cette pièce se prépare après l'étude de la période historique pendant laquelle se déroule l'action: le Moyen Age.
Les élèves devront essayer d'imaginer, puis de jouer les rôles de rois, de croisés, de vainqueurs, de vaincus, en étudiant les différents événements de la période concernée. Après la lecture silencieuse du texte, suivie d'une lecture dialoguée, les élèves recherchent les traits physiques et moraux de chaque animal. Ils jouent les personnages avec leurs attitudes, leurs voix, leur langage.
Chaque élève choisit un rôle, apprend le texte. Les rôles sont dits par différents enfants au

cours de plusieurs séances, puis le choix se fait pour le spectacle final.
Les enfants réaliseront les décors à partir de documents illustrant cette période de l'histoire.
La scène autour du puits devra être plus particulièrement étudiée pour que les effets soient proches de la réalité.
Différentes musiques sont proposées par l'enseignant. Les élèves choisissent les morceaux les plus représentatifs (chants grégoriens, musique turque ou arabe, chants profanes).

RENARD

PAR JEAN-MARIE BALDNER

PERSONNAGES
Renard, Corbeau, Loup
Lion, Frère Ane, Coq,
Ours, Blaireau

ACTE I

Sur l'écran sont projetées des diapositives, ou accrochées des «fresques» réalisées par les élèves, sur les illustrations du Roman de Renard.

LE CHŒUR DES ÉLÈVES (*les arbres*):
— Ecoutez, nobles seigneurs, dans la belle forêt de Lionnerie, l'histoire de Renard qui savait tant de ruses et de tours...
La voix du chœur est couverte par des chants profanes de la même époque qui accompagnent les diapositives.

ACTE II

L'accessoiriste enlève l'écran, installe une chaise derrière un arbre.
Corbeau sort du monastère en courant, un fromage dans les bras. Insultes des moines en coulisses. Corbeau s'installe debout sur la chaise dissimulée derrière un arbre et s'apprête à déguster le fromage

en chantonnant. Il chante faux. Renard apparaît l'air affamé.

RENARD, *tournant autour de l'arbre en réfléchissant*:

— Est-ce toi, sire Corbeau, qui chante si agréablement?

Corbeau salue Renard d'un signe de tête et reprend ses occupations.

Je ne me lasse pas de t'écouter. Me ferais-tu le plaisir de chanter encore?

Corbeau gonfle un peu la poitrine et pousse un cri. Renard se bouche les oreilles.

Tu chantes mieux que ton père, à ce qu'il me semble. Encore une fois, s'il te plaît.

Renard rentre la tête et applique ses mains fortement sur ses oreilles. Corbeau gonfle la poitrine, écarte les bras et laisse tomber son fromage. Corbeau, perché sur son arbre regarde son fromage aux pieds de Renard.

RENARD, *d'un air dégoûté se pince le nez*:

— Ce fromage pue si fort que je vais en mourir. Sire Corbeau, débarrasse-moi de cette odeur; le médecin m'interdit le fromage. Ah, je meurs.

Renard feint de se trouver mal, il tombe et commence à gémir. Corbeau n'ose pas descendre de son arbre.

RENARD, *se tordant de douleur*:

— N'aie pas peur, sire Corbeau! frère Ane a demandé à tous les animaux de faire la paix. Ah, je meurs! Ah! Viens donner le baiser de la paix à un mourant!

Corbeau saute de son arbre. Renard tente de le saisir mais Corbeau réussit à s'enfuir en emportant le fromage. Renard reste seul en pestant.

INTERMÈDE 1

Sur fond de musique turque (ou à défaut de musique traditionnelle arabe), les enfants, portant des pancartes historiées (dessins réalisés en classe) qui représentent la Terre Sainte et les guerres entre le royaume franc de Jérusalem de la reine Sibylle et les Turcs du sultan Saladin, défilent sur la scène en deux groupes qui s'affrontent.

Le même intermède peut être réalisé à partir d'une projection de diapositives accompagnée d'un commentaire dit par les enfants.

ACTE III

Musique de chants grégoriens.

RENARD, *entre en scène en se frottant le ventre. Il gémit:*

— Ah! Dieu! Voilà bien huit jours que je n'ai rien mangé. Ah! une poule, rien qu'une petite poule! pas bien grosse! Un poussin même, un bon petit poussin rôti.

En disant cela, il ferme les yeux et se pourlèche les babines. Il continue à avancer, les yeux fermés et les mains jointes, dans une attitude de supplication.

Ah! mon Dieu, rien qu'un petit poussin. Je le ferai rôtir moi-même.

En avançant, il trébuche et se cogne contre le chambranle de la porte. Assis sur le sol, il se frotte la tête en grommelant. Il lève les yeux, puis se jette à genoux.

Merci Seigneur, ici je trouverai certainement quelque bonne chose à grappiller.

Il entre dans la cour du monastère et se dirige vers les coulisses d'où retentissent des cris de volailles effarouchées. Quelques plumes s'envolent. Au bout d'un instant, Renard réapparaît sur la scène, le ventre gonflé et l'air repus. Il s'approche du puits.

Ce petit goûter m'a donné soif.

Il prend un des seaux et se penche par-dessus la margelle du puits. Il se penche un peu plus et tombe dans le puits. Cri et bruit de chute. Puis, d'une voix étouffée qui sort du puits.

Seigneur, aie pitié de moi! Seigneur, aie pitié de moi!

Le loup entre en scène l'air inquiet. Il regarde à droite, à gauche pour découvrir d'où vient la voix. Il s'approche du puits et recule violemment. Il s'approche de nouveau d'un pas hésitant et reconnaît Renard au fond du puits.

LOUP:

— Est... est-ce toi sire Renard?

RENARD, *d'une voix pieuse et étouffée:*

— Hélas, non, mon bon seigneur, Renard est mort avant-hier, au soir.

LOUP:

— Qui es-tu alors? Car tu ressembles fort au sire Renard.

RENARD:

— Je suis l'âme du sire Renard.

LOUP, *hésitant:*

— Et que fais-tu en ce puits?

RENARD:

— Ce n'est pas un puits ordinaire, sire Loup, celui-ci est l'entrée du Paradis.

LOUP, *de plus en plus intrigué et méfiant*:

— Mais n'est-ce pas là une nouvelle farce à mes dépens?

RENARD:

— Comment peux-tu douter des paroles d'un mort? Même si dans ma vie je t'ai fait quelques farces, ne peux-tu pas me pardonner maintenant?

LOUP:

— Soit. Je te pardonne. Mais dis-moi, comment est le Paradis?

RENARD, *d'une voix mielleuse*:

— C'est une pure merveille. Ici personne ne manque de rien. Dans les prairies, des agneaux bien gras paissent sans surveillance; les poulaillers regorgent de poules dodues, et ce n'est pas tout...

LOUP:

— Ah Renard, dis-moi seulement comment je peux en avoir une part.

RENARD:

— Va-t-en maintenant! Laisse-moi prier.

LOUP:

— Renard, je t'en supplie. En souvenir de notre ancienne amitié, aide-moi.

RENARD:

— Soit! sire Loup, je veux bien t'aider. Mais pour cela, il faut aussi faire peser ton âme et te faire pardonner tous tes péchés.

LOUP:

— Que dois-je faire pour cela?

RENARD:

— Vois-tu ce seau?

LOUP:

— Que vient faire ce seau dans le Paradis!

RENARD:

— C'est un des plateaux de la balance divine qui pèse les actions de notre vie. Saute sur ce plateau et prie Dieu pour qu'il t'accorde le pardon de tes péchés. Je ferai de même pour qu'il écoute ta prière.

Loup saute dans le puits avec le seau. Son poids fait remonter Renard.

LOUP:

— Pourquoi t'en vas-tu donc?

RENARD *(Il sort du puits)*:

— C'est l'usage au Paradis: quand quelqu'un entre, un autre en sort. Adieu donc, sire Loup, et prie bien fort le seigneur Jésus.

Il salue donc Loup resté au fond du puits puis s'enfuit en éclatant d'un grand rire.

LOUP *(du fond du puits, il profère des injures incompréhensibles à Renard)*:

— Grmml... mgrrrrlmmm...

A ce moment, frère Ane entre en scène par la porte du fond. Attiré par les cris de Loup, il se précipite vers le puits et commence à remonter le seau dans lequel se trouve Loup. La tête de Loup apparaît à la margelle. Frère Ane lâche la corde et appelle les autres moines qui accourent armés de bâtons. Ils frappent Loup enfin sorti du puits et qui ne peut s'enfuir. Roué de coups de toutes parts, Loup fait le mort.

FRÈRE ANE, *joignant les mains dans une attitude de prière*:
— Que son âme repose en paix. Prions pour lui mes frères.

Les moines s'agenouillent autour de la dépouille de Loup. Ils chantent un psaume. Loup en profite pour s'enfuir sur la pointe des pieds. Les moines absorbés par leur prière ne remarquent rien. Loup sort dans les coulisses, puis passe la tête et s'adressant aux spectateurs, il jure avec force contre Renard.

INTERMÈDE 2

Le ballet guerrier des chrétiens et des musulmans portant des pancartes historiées reprend, avec en fond sonore un cliquetis d'armes (cuillers frappées) qui va en s'amplifiant.
Un enfant déguisé en troubadour s'avance sur le devant de la scène. Le cliquetis cesse et le troubadour conte l'histoire du royaume de Jérusalem: pendant qu'en Occident les seigneurs se battent entre eux et que l'Eglise tente d'imposer la paix de Dieu, en Orient Saladin, profitant des querelles entre les croisés, inflige une terrible défaite aux Francs à Hattin et fait prisonnier le roi de Jérusalem, Guy de Lusignan. Il s'empare de la plupart des villes du royaume et entre dans Jérusalem. Les croisés ne conservent plus que quelques places côtières.

ACTE IV, SCÈNE 1

Lion est assis sur son trône. Frère Ane et Ours sont debout, respectivement à droite et à gauche du trône. Tous les animaux, sauf les Poulets, Coq et Renard, entrent. Ils saluent le roi et s'installent en deux rangées autour du trône.

FRÈRE ANE *(Il fait un geste de la main)*:
— Faites entrer les plaignants.

Deux moutons armés d'une lance sortent et reviennent accompagnés de Coq et, loin derrière, des Poulets qui portent sur une civière un des leurs et se lamentent bruyamment.

COQ *(il s'avance jusqu'au trône et met un genou en terre)*:
— Sire et vous, toutes nobles bêtes...

Sa voix est couverte par les lamentations des poulets qui se précipitent aux pieds du roi et caquètent tous en même temps. Loup intervient, il bouscule les Poulets et d'une voix forte impose sa propre requête devant les Poulets effarouchés.

LOUP, *d'une voix déformée par la haine*:
— Sire, vengez dame Poulette et partout on louera votre bonté. Je ne parle pas par haine envers Renard qui pourtant m'a souvent fait la guerre, mais par souci de justice. Vengez donc, Sire, dame Poulette que Renard a ainsi malmenée.

Les lamentations des Poulets agenouillés autour de la civière qui porte dame Poulette, reprennent de plus belle. Coq s'avance et demande la parole.Corbeau essaie de prendre la parole mais sa voix est couverte par les caquètements.

FRÈRE ANE *(levant les bras et essayant de couvrir le caquètement des Poulets)*:
— Nobles animaux! Voyez comment Dieu vous a puni de toujours vous battre entre vous. Cessez de vous entretuer! Observez la trêve de Dieu!

COQ, *un genou à terre*:
— Mon bon Sire, Renard n'a pas respecté la trêve demandée par frère Ane...

LOUP *(lui coupant la parole, il prend un ton de commisération)*:
— Voyez dans quel état il a mis la pauvre dame Poulette. Il ne respecte rien!

La scène se termine dans le brouhaha, tous les animaux se jetant aux pieds de Lion et implorant sa justice. Ane debout au-dessus de la mêlée et les bras en croix prêche avec des intonations marquées.

FRÈRE ANE*(son prêche est couvert par les autres voix)*:
— Mes frères, mes frères, écoutez la voix du Seigneur qui nous appelle à lutter contre l'infidèle...

LION *(dans une colère terrible, pointe un doigt vers Loup)*:
— Au nom de Dieu, je t'impose la paix avec Renard. (*Puis, balayant de son bras toute l'assistance, d'une voix solennelle.*)
Renard sera puni comme il le mérite pour avoir enfreint la loi de Dieu et la loi des bêtes.

Tous les animaux sauf frère Ane et sire Ours se jettent aux pieds de Lion. Puis, s'adressant à sire Ours.

— Va chercher Renard et amène-le devant mon tribunal! (*S'adressant à frère Ane.*) Fais des prières pour l'âme de dame Poulette.

La scène se termine dans le recueillement sur la veillée funèbre de dame Poulette.

ACTE IV, SCÈNE 2

Entre ours, les vêtements déchirés, le visage tuméfié et couvert de pansements; il s'appuie sur une canne et marche avec peine. Il est suivi de Renard et de Blaireau qui discutent joyeusement.

OURS *(se jetant aux pieds de Lion)*:

— Voyez, Sire, le mauvais tour que m'a joué Renard...

LION, *interrompant Ours*:

— Renard, tes ruses et tes tours ont jeté le trouble dans mon royaume. Tu as pillé, blessé et tué mes sujets, je te condamne à être pendu.

Tous les animaux menacent Renard. Un lapin lui jette de loin des boulettes de papier mais, dès que Renard relève la tête, il détale.

RENARD:

— Noble Sire, écoute-moi. J'ai commis, dans le passé, de grands péchés, mais maintenant je veux me repentir. Laisse-moi prendre la croix pour aller au-delà des mers défendre le tombeau de Notre Seigneur. (*Il tombe à genoux devant Lion.*)

BLAIREAU, *à genoux lui aussi*:

— Sire, vois comme Renard a changé.

LION:

— Soit, qu'il aille en Terre Sainte, mais qu'il n'en revienne jamais!

Renard baise les pieds de Lion, frère Ane lui apporte une écharpe frappée d'une croix et un bâton de pèlerin. Renard se lève et sort sans saluer personne.

INTERMÈDE 3

Reprise du ballet guerrier. Le troubadour raconte l'histoire de la Troisième croisade. Après la prise de Jérusalem par Saladin en 1187, l'archevêque de Tyr, Guillaume, prêche la croisade. A l'appel du pape

Grégoire VIII, l'empereur Frédéric Ier Barberousse (1152-1190), les rois Philippe II Auguste (1180-1223) et Richard Ier Cœur de Lion (1189-1199) rassemblent des armées importantes. Arrivé le premier, Frédéric Ier Barberousse trouve la mort en se baignant dans le Cydnos (1190); son armée se disloque. Pendant le voyage, Philippe et Richard ne cessent de se quereller. Arrivés en Palestine, ils s'emparent de Saint-Jean-d'Acre (1191). Philippe abandonne la croisade et rentre en France. Richard renonce à s'emparer de Jérusalem et conclut avec Saladin une trêve de trois ans. Jérusalem reste aux mains des Turcs, les chrétiens obtiennent l'autorisation de s'y rendre en pèlerinage.

ACTE V

Renard marche dignement. Quand il est sûr que plus personne ne le voit, il jette au loin écharpe et bâton et se dirige en dansant de joie vers la ville de Clapier. Il disparaît dans les coulisses. Silence de courte durée, puis des cris et des bruits de bataille (cuillers frappées) fusent de la ville de Clapier. Les Lapins fuient en tous sens. Les élèves dissimulés derrière les arbres reprennent en chœur.

LE CHŒUR DES ÉLÈVES:

— Ecoutez, nobles seigneurs, l'histoire de Renard qui savait tant de ruses et de tours... Renard est parti pour la croisade et il a pillé la belle ville de Clapier... Renard est allé au-delà de la mer et Lion, le roi, lui a pris ses terres...

La voix du chœur est couverte par des chants profanes de la même époque en fond sonore.

RIDEAU

Achevé d'imprimer en janvier 1990
sur les presses de
l'Imprimerie Carlo Descamps
à Condé-sur-l'Escaut
Dépôt légal : novembre 1988
N° d'imprimeur : 6240
N° d'éditeur : 442